# Sachunterricht
## DER TAUSENDFÜSSLER

### 3. Schuljahr

### Lehrerband

Erarbeitet von Rolf Siller, Wolfgang Klier,
Reinhold Müksch, Bernd Rechel, Roswitha Krahn,
Elke Kohlwey und Edelgard Moers

Auer Verlag GmbH

Zu dem Unterrichtswerk „DER TAUSENDFÜSSLER" gehören:

1. Schuljahr: Schülerbuch ISBN 3-403-03008-3
   Lehrerband ISBN 3-403-03125-X

2. Schuljahr: Schülerbuch ISBN 3-403-02859-3
   Lehrerband ISBN 3-403-03115-2

3. Schuljahr: Schülerbuch ISBN 3-403-03018-0
   Lehrerband ISBN 3-403-03116-0

4. Schuljahr: Schülerbuch ISBN 3-403-03019-9
   Lehrerband ISBN 3-403-03117-9

Gedruckt auf umweltbewusst gefertigtem, chlorfrei gebleichtem und alterungsbeständigem Papier

1. Auflage. 1999
Nach der Neuregelung der deutschen Rechtschreibung
© Auer Verlag GmbH, Donauwörth. 1999
Alle Rechte vorbehalten
Gesamtherstellung: Ludwig Auer GmbH, Donauwörth
ISBN 3-403-03116-0

# Inhalt

|  | Lehrerband | Schülerband |
|---|---|---|
| Vorbemerkungen | 5 | |
| Schritte zur Orientierungs- und Handlungsfähigkeit | 6 | |
| Leistungsbeurteilung im Sachunterricht | 10 | |
| Spielerische Lern- und Übungsformen – Freiarbeit | 14 | |
| Der örtliche Stoffplan | 16 | |
| Stoffverteilungsplan oder: So kann man es machen | 16 | |
| Zur Einführung des „Tausendfüßlers 3": Was wir im 3. Schuljahr lernen | 21 | |

## Wohnumgebung und Heimatort

| | Lehrerband | Schülerband |
|---|---|---|
| Da bin ich geboren | 23 | 4 |
| Schatzsucherspiel | 26 | 6 |
| Eine Schule unter vielen | 27 | 8 |
| Vom Luftbild zum Ortsplan | 28 | 10 |
| Da bin ich zu Hause | 30 | 12 |
| Spurensuche | 31 | 14 |

## Zusammen leben und lernen in der Schule

| | Lehrerband | Schülerband |
|---|---|---|
| Die 3a ist Klasse! | 35 | 16 |
| Klassenkonferenz – Klassenregeln | 38 | 17 |
| Wir feiern ein Fest | 40 | 18 |

## Freundschaft

| | Lehrerband | Schülerband |
|---|---|---|
| Typisch Junge! Typisch Mädchen! | 42 | 20 |
| Ich bin froh, dass… | 43 | 21 |
| Freundschaft | 45 | 22 |
| Gefühle | 46 | 24 |
| Schwangerschaft und Geburt | 48 | 26 |

## Pflanzen für die Ernährung

| | Lehrerband | Schülerband |
|---|---|---|
| Getreide gibt uns Nahrung | 49 | 28 |
| Der Mähdrescher | 52 | 30 |
| Vom Korn zum Brot | 52 | 31 |
| Kartoffeln aus Amerika | 53 | 32 |
| Gemüse im eigenen Garten | 55 | 34 |
| Säen, pflanzen und pflegen | 55 | 35 |

## Sich richtig ernähren

| | Lehrerband | Schülerband |
|---|---|---|
| Aktion Pausenbrot | 56 | 36 |
| Essen macht gesund oder krank | 58 | 37 |

## Lebensraum für Pflanzen und Tiere

| | Lehrerband | Schülerband |
|---|---|---|
| Lebensraum Wiese | 59 | 38 |
| Der Löwenzahn | 61 | 40 |
| Wo die Familie Tausendfüßler haust | 62 | 41 |
| Bedrohter Lebensraum | 63 | 42 |
| Vor vielen Millionen Jahren | 64 | 44 |
| Wir bauen einen Dinosaurier | 66 | 46 |

## Das Wetter

| | Lehrerband | Schülerband |
|---|---|---|
| Wetterpropheten | 67 | 48 |
| Wir bauen unsere eigene Wetterstation | 71 | 50 |

## Das Wasser

| | Lehrerband | Schülerband |
|---|---|---|
| Wasserwerkstatt | 75 | 52 |
| Der Kreislauf des Wassers | 76 | 54 |
| Wir alle brauchen Wasser | 77 | 56 |
| Aminatas Entdeckung | 78 | 58 |
| Woher kommt unser Trinkwasser? | 79 | 60 |
| Wohin mit dem Schmutzwasser? | 81 | 62 |

## Briefe schreiben und telefonieren

| | Lehrerband | Schülerband |
|---|---|---|
| Das Postspiel der 3a | 82 | 64 |
| Zu Besuch bei der Post | 83 | 65 |
| Nicos Brief geht auf die Reise | 83 | 66 |
| Telefonieren ist keine Kunst | 84 | 67 |

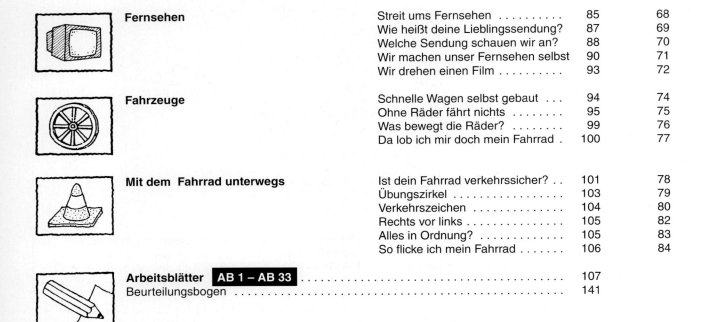

**Fernsehen**

| | | |
|---|---|---|
| Streit ums Fernsehen .......... | 85 | 68 |
| Wie heißt deine Lieblingssendung? | 87 | 69 |
| Welche Sendung schauen wir an? | 88 | 70 |
| Wir machen unser Fernsehen selbst | 90 | 71 |
| Wir drehen einen Film .......... | 93 | 72 |

**Fahrzeuge**

| | | |
|---|---|---|
| Schnelle Wagen selbst gebaut ... | 94 | 74 |
| Ohne Räder fährt nichts ........ | 95 | 75 |
| Was bewegt die Räder? ........ | 99 | 76 |
| Da lob ich mir doch mein Fahrrad . | 100 | 77 |

**Mit dem Fahrrad unterwegs**

| | | |
|---|---|---|
| Ist dein Fahrrad verkehrssicher? .. | 101 | 78 |
| Übungszirkel ................ | 103 | 79 |
| Verkehrszeichen .............. | 104 | 80 |
| Rechts vor links .............. | 105 | 82 |
| Alles in Ordnung? ............. | 105 | 83 |
| So flicke ich mein Fahrrad ....... | 106 | 84 |

**Arbeitsblätter** AB 1 – AB 33 .................................................... 107
Beurteilungsbogen ................................................................ 141

## Vorbemerkungen

Mit dem 3. Schuljahr bekommt Unterricht für die Grundschüler eine neue Qualität: Nach dem Erwerb grundlegender Fähigkeiten, Fertigkeiten und Arbeitstechniken im 1. und 2. Schuljahr kann nun zunehmend dem Interesse der Kinder an Informationen und Wissensinhalten entsprochen werden. Die „Sachen" wollen entdeckt und erfahren, analysiert und konstruiert, begriffen und fixiert werden. Wer wäre nicht schon von Kindern in Staunen versetzt worden, die, durch ein erst einmal entdecktes Problem in Schwung geraten, Frage aus Frage entwickeln und so aus vielen einzelnen Elementen eine eigene Wissensstruktur knüpfen.

Der **„Tausendfüßler" für das 3. Schuljahr** führt die Verfahren und Zielsetzungen der ersten Bände fort, setzt aber gleichzeitig neu an, so dass problemlos auch jetzt in die Arbeit mit dem „Tausendfüßler" eingestiegen werden kann.
Im Mittelpunkt dieses Bandes steht das Thema „Den Ort erkunden", also die räumliche Orientierung des Kindes in seiner näheren Umgebung. Um das Buch für alle Schulen gleich brauchbar zu machen, wurde kein bestimmter Ort exemplarisch dargestellt, vielmehr geht es um die Vermittlung von Fähigkeiten: Wie erforschen wir unseren Wohnort? Wie machen wir ein Interview? Wie fotografiert man? Wie erstellen wir einen Ortsplan? Wie gehen wir mit Karte und Kompass um? Usw. Die Kinder gehen von ihrer eigenen Situation aus und erkunden im Laufe des Schuljahres ihren eigenen Ort. Die drei Leitfiguren – Nico, Bastian und Katrin – führen dabei die Schüler durch das Schuljahr und fordern sie zum handelnden Umgang mit ihrer Heimat heraus.

Der Erfahrungshunger und Wissensdurst von Kindern kann nicht mit einfachen Antworten gestillt werden. Kinder brauchen mehr, um für sich ein stimmiges Weltbild entstehen zu lassen; das Unterwegssein mit tausend alltäglichen Erfahrungen ist konstitutiver Bestandteil des Bildungsprozesses. Wissensstoff in Form von Lehrerantworten ist uninteressant. Bedingungen jedoch, die auf Wege und Ziele aufmerksam machen, die stimulieren, motivieren und das Finden eigener Antworten möglich machen, setzen Kinder geistig, emotional – aber auch rein körperlich in Bewegung. Sie wollen entdecken, erkunden, erproben, untersuchen, sich etwas ausdenken, entwerfen und verwerfen, mit allen Sinnen aufnehmen und aus den wahrgenommenen Elementen zugleich Kreatives und Neues gestalten.

Der **Lehrerband** zum „Tausendfüßler 3" ist so angelegt, dass dem Lehrer die Vorbereitung seines Sachunterrichtes erleichtert wird. Doch geht es bei dem reichhaltigen Angebot an erprobten und aus der Unterrichtspraxis erwachsenen „Praxistipps", „Medienverzeichnissen", „Literaturhinweisen" und Anregungen für „Arbeitsmittel" nicht nur um Arbeitserleichterungen für Lehrerinnen und Lehrer, sondern zugleich um eine Öffnung des Unterrichts nach außen, um Verflüssigung erstarrter Strukturen und eine Verlebendigung des gesamten Unterrichts. Die zahlreichen praktischen Hilfen, Ideen und Tipps halten die unterrichtliche Gedankenführung in Bewegung, lassen auch tiefer liegende Schichten des Stoffes aufscheinen und verknüpfen mit Themenstellungen aus anderen Fächern ebenso wie mit persönlichen Erfahrungen.

**Praxistipps** **Planungshilfen** **Medien** **Ideenkiste** **Stoffverteilungsplan** **Literaturhinweise** **Kopiervorlagen** **Arbeitsmittel** **Spiele**

# Schritte zur Orientierungs- und Handlungsfähigkeit

## Orientierungen

### Handlungsfähigkeit setzt Orientierungen voraus!

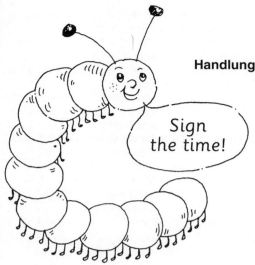

**Orientierung im Raum:** Wo bin ich? Welche Konturen hat der Horizont meines Standortes? Wie weit und wie beschwerlich sind die Wege, die ich zurücklegen muss?
Das Kinderzimmer in der Kleinfamilienwohnung, der Klassenraum im Schulzentrum, der Spielplatz in der Wohnsiedlung – damit sind die drei wesentlichsten Orte genannt, an denen sich Kinder heute aufhalten und die sie selbstständig, auf „sicheren" Fußgängerwegen, miteinander verknüpfen dürfen. Landschaften und Regionen, die am Autofenster vorbeihuschen, die als exotisches Ferienerlebnis erinnert werden oder die farbenprächtig und konturenreich am Bildschirm erscheinen, haben alle dieselbe emotionale Distanz zum Betrachter und sind daher austauschbar.
Kinder brauchen eine Landschaft, in der sie sich auskennen, in der sie sich wohl fühlen und die Ausgang und Ziel für Erkundungen ist, Paradigma und Orientierung für den Weg in die Fremde.

**Orientierung in der Zeit:** Was ist gewesen? Was erwartet mich? Wie gehe ich mit meiner Zeit um? Bin ich ihr Produkt, oder drücke ich ihr meinen Stempel auf?
Noch sind die Erwachsenen in einem Tages- und Jahresrhythmus aufgewachsen, in einem Kreislauf, den die Natur vorgezeichnet hat, mit Arbeitszeit und freier Zeit, Alltag und Festzeit. Dieser Rhythmus ist zwischenzeitlich vielen Kindern verloren gegangen, im Takt von Schul- und Freizeitaktivitäten, Stundenplan und Fernsehprogramm. Allzu früh haben sie sich an den Umgang mit dem Terminkalender gewöhnt – ein Zeichen, wie verwaltet ihre Zeit ist. Die Stunden und Tage reihen sich gleichwertig aneinander, als wären sie austauschbar geworden.
Kinder brauchen Markierungen und Zäsuren für ihre Zeit, Höhepunkte und Durststrecken, um Strukturen zu finden und Ziele zu erkennen.

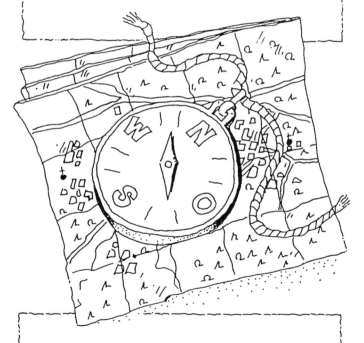

**Orientierung in der Gemeinschaft:** Wer bin ich für dich? Wer bist du für mich? Was haben wir gemeinsam im Sinn? Wie einsam bin ich?
Wo erleben Kinder Gemeinschaft und erwerben Formen des Zusammenlebens? Die Einzelkinder? Die Kinder mit nur einem Elternteil? Die Kinder in fremden Lebensgemeinschaften? Die von berufstätigen Eltern? Wo lernen sie sich streiten und sich wieder vertragen? Vielen Kindern wird die Freizeit verwaltet: Musikunterricht, Sportverein, Nachhilfe, andere spielen allein oder sie bestellen sich einen, höchstens zwei Spielkameraden per Telefon ins Kinderzimmer oder vor den Fernseher. Kinder brauchen Partner, jüngere, gleichaltrige und ältere, um sich und das eigene Verhalten wie in einem Spiegel zu erkennen und nach und nach die eigene Identität auszudifferenzieren: So will ich nicht sein! So bin ich! Ich stehe zu mir!

Als Teil und Element von Geschichte, Umwelt und Gesellschaft kann dem Menschen ein verantwortlicher Umgang mit Zeit, Raum und Mitmenschen nur gelingen, wenn er gelernt hat sich in der Lebenswirklichkeit zu orientieren. Wo er Geborgenheit, Anerkennung und Schutz findet, da hat er „**Heimat**"; zur Lebenswirklichkeit gehört aber auch Gefährdetsein, Fremdheit und Ausgeliefertsein. Beide Erfahrungen sind notwendig um die eigenen Handlungsmöglichkeiten realistisch einschätzen zu können.

Die Konsequenz:

### Handlungsorientiertes Lernen

Kinder finden sich in ihrer Umwelt nicht zurecht, wenn ihnen vom Lehrer vorstrukturiertes Wissen nur vor„gesagt" und vor„geschrieben" wird, **aktiv handelnd** müssen sie sich selbst ihre Umwelt erobern und aneignen. In diese Begegnung greift das kindliche Vorwissen, der persönliche Erfahrungsbereich findet Berücksichtigung, mit allen Sinnen werden Informationen eingeholt, und die Auseinandersetzung mit den „Sachen" fordert eine reflektierende Durchdringung und geistige Verarbeitung.

> Was ich gehört habe,
> vergesse ich.
> Was ich gesehen habe,
> das weiß ich.
> Was ich getan habe,
> das behalte ich.
> Konfuzius

### Das Spielgelände – Ursprung und Muster für Heimat

Es ist sinnvoll, das Freizeitgelände und den Spielplatz der Kinder aufzusuchen, die Orte also, an denen die Lebenswirklichkeit von Kindern „en miniature" lehrplangerecht vorgebildet ist. Hier lässt sich erforschen, was den Kindern bedeutsam ist. Es ist ihnen Gelegenheit gegeben sich selbst mit ihren Eindrücken und Gefühlen deutlich in die Lernatmosphäre einzubringen.
Im Gespräch über Erlebnisse und Entdeckungen werden vor allem emotionale Berührungspunkte aktiviert, auf die wir im alltäglichen Schulbetrieb wieder zurückgreifen können. Weißt du noch …?
Kleine und kleinste Entdeckungen beweisen die eigentätige Auseinandersetzung mit Sachverhalten und sollten besonders herausgestellt werden. Damit versuchen wir dem konsumierenden Verhaltensweisen entgegenzuwirken. Auch die Schule steht in der Gefahr über Medienangebote Second-Hand-Erfahrungen zu vermitteln.

### Schwerpunkt: „Räumliche Orientierung"

Für das 3. und 4. Schuljahr sehen die Lehrpläne schwerpunktmäßig die **räumliche** Orientierung des Kindes vor. „Den Ort erkunden" schließt die Schule, die Wohnung, die Gemeindeverwaltung, die Kirchengemeinde, die Post und den Verkehr ebenso ein wie die natürlichen Gegebenheiten der Nutzpflanzen im Garten und des Lebensraumes für Tiere; sachliche Informationen sind untrennbar mit kulturellen und geschichtlichen Aspekten verknüpft, individuelle Charakteristika mit gesellschaftlichen Strukturen.
Das Klassenzimmer öffnet sich für die Gemeinde und viele ihrer Einrichtungen und strebt so eine gewisse Vernetzung an. Nicht zwei getrennte Welten stehen sich gegenüber, denn der Freizeitbereich des Kindes beeinflusst das Leben in der Schule und umgekehrt. Die Berufswelt der Eltern beeinflusst die Wohnbedingungen, die Gemeindepolitik beeinflusst den Umweltschutz – diese Zusammenhänge sind Gegenstand des Unterrichts.

Das ist Bastians Plan. Sucht darauf die Dinge, die er eingezeichnet hat:
kleiner Wald
Felsenhöhle
Maulwurfswiese
Froschteich
Bach
Holzbrücke
Feuerstelle
Straße
Fußweg
Forsthaus
Baumschule
Krautgarten
Baumhütte
Ausguck
Bolzplatz

Gelingt es die Lebenswelt der Kinder in den Unterricht hineinzutragen, so wird eine notwendige Brücke zwischen Schule und Wirklichkeit geschlagen. Der verstärkte und zunehmend verstehende Umgang mit Dingen, Menschen, Bräuchen aus der konkreten Umgebung schafft eine Vertrautheit, die dem Begriff Heimat zu Grunde liegt. Nur durch eine aktive Aneignung kann demnach ein Heimatgefühl und Heimatbewusstsein entstehen, das Sicherheit und Selbstbewusstsein für Neues gibt.

## Die Entwicklung der Schulortkarte

Vor dem Hintergrund der „Handlungsorientiertheit" kommt der „Einführung in das Kartenverständnis" heute nicht mehr die Bedeutung zu wie früher. Vergessen werden darf dies aber auch nicht. Im Vordergrund stehen nicht mehr nur geografische Karten, sondern thematische: Siedlungsgeschichte, Freizeitangebote, Radwanderwege, Einkaufsmöglichkeiten, öffentliche Einrichtungen usw.
Im 3. Schuljahr wird ein grundlegender Umgang mit der Schulortkarte eingeübt.
„Vom Luftbild zum Ortsplan" ist im **3. Schuljahr** das Thema, das den Weg zum Kartenverständnis weiterführt. Um bisherige Erfahrungen zu aktivieren führt ein **Unterrichtsgang** durch die Straßen des Schulortes. Der eine oder andere Platz lädt zu einem kurzen Verweilen ein und lässt eine Standortbestimmung zu.
Zuletzt besteigen wir einen Kirchenturm, ein hohes Haus oder einen nahen Hügel, um einen Blick von oben, eine **Schrägansicht** genießen zu können. Dabei werden Himmelsrichtungen bestimmt, deutliche Strukturen und unterscheidbare Gebiete herausgestellt, so dass eine vorläufige Gliederung ermöglicht wird.
Zurück in der Schule versuchen die Kinder, ihre Eindrücke in einer **Faustskizze** zu aktualisieren. Diese Arbeit wird sehr unterschiedliche Ergebnisse erbringen und bietet zugleich eine Übersicht über die Darstellungsmöglichkeiten der Kinder. Neben Straßen und Häusern werden Gewässer, Felder u.a. zu zeichnen sein; sie gestatten den Versuch eine Kartenlegende zu entwickeln.Eine kurze Besprechung wiederholt noch einmal wichtige „Sehenswürdigkeiten" des Schulortes.
An dieser Stelle lässt sich recht gut ein **Luftbild** einsetzen. Häufig findet man eine Postkarte mit einem entsprechenden Motiv, die sich auch zur Verschönerung der Sachunterrichtsmappe eignet. Noch besser ist ein Senkrechtluftbild, das es für alle Bundesländer bei dem jeweiligen Landesvermessungsamt gibt. Für eine relativ geringe Gebühr von ca. 30,– DM erhält man ein Foto von ca. 23 x 23 cm Größe. Dieses Bild ist einem Plan schon recht ähnlich. Das Bild überdeckt bei einem Bildmaßstab von 1:13.000 grundkartenweise eine Geländefläche von ungefähr 2,8 km x 2,8 km.
Ein Ausschnitt kann im **Sandkasten** als Modell nachgebaut werden, wenn die Gemeinde nicht schon ein **Modell** besitzt. Auf der Glasplatte über dem Sandkasten lassen sich jetzt Straßen und Häuser mit Plaka-Farben aufmalen: Eine Karte ist entstanden.
Ansonsten wird man die Dienste der Gemeinde bzw. des dortigen Bauamtes in Anspruch nehmen und um einen **Ortsplan** bitten. Für zahlreiche Orte hat der Städteverlag oder ein anderes Unternehmen zu Werbezwecken einen solchen Plan gestaltet, der uns sehr nützlich sein kann.
Eine deutliche Darstellung von einzelnen Wohngebäuden ist erst bei einem Maßstab von 1:10 000 oder größer gesichert. Am besten verwendet man die **deutsche Grundkarte** im Maßstab von 1:5000, die allen Anforderungen entspricht. Durch zusätzliche Vergrößerung oder Verkleinerung bringt man die Karte auf das DIN-A 4-Format bzw. auch auf zwei DIN-A 4-Seiten. Damit ist die Grundlage für ein Arbeitsblatt und für eine Folie geschaffen.

Schrägansicht

Faustskizze

Senkrechtluftbild

Modell

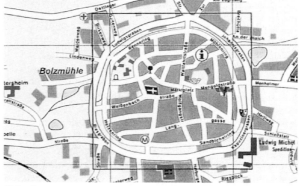
Ortsplan

Mit Hilfe der Folie wird nun eine **Schulortkarte** an der Wand oder auf einer Dämmplatte erarbeitet. Da eine solche Arbeit mehrere Tage in Anspruch nimmt, sollte der Platz des Overheadprojektors auf dem Boden gekennzeichnet sein, damit er bei Bedarf neu ausgerichtet werden kann.
Eine Kindergruppe beginnt mit dem Nachfahren der Straßenbegrenzungen. Eine genaue Arbeitsteilung ist erforderlich. Die Farbgebung wird sich nach der üblichen Verwendung richten. Rot ist Gebäuden vorbehalten. Straßen erhalten schwarze Ränder und werden mit Bleistift schraffiert. Blau sind Gewässer, grün werden Gärten und Wälder gekennzeichnet. Weitere Farbnuancen sind je nach Bedarf zu bestimmen.
Die Karte entsteht sukzessive. Zunächst werden das Straßengerüst, die Schule und die Wohnungen der Kinder eingetragen; anschließend öffentliche Einrichtungen und Geschäfte, zuletzt die übrige Bebauung und die Einbringung von Wald und Flur. Haftpunkte in verschiedenen Farben werden eingesetzt um eine umfangreiche **Kartenlegende** zu erstellen.
Nach dieser ausführlichen Erarbeitung soll die Schulortkarte bei möglichst jeder neuen Einheit verwendet werden. Es werden Pflanzenstandorte und Briefkästen, gefährliche Kreuzungen und Verkehrszeichen ebenso vermerkt wie Hydranten und Wasserhochbehälter. Immer wieder steht dieser Plan kurzfristig im Mittelpunkt des Unterrichts und gewinnt dadurch einen hohen Bekanntheitsgrad.
**So begleitet die Schulortkarte den Sachunterricht während des ganzen Schuljahres.** Immer mehr Einzelheiten werden darauf eingetragen und vermehren das Wissen der Kinder. Daneben ist die ausgefüllte Karte das ständig sichtbare Ergebnis der unterrichtlichen Aktivitäten und dient auch zur Erinnerung und Wiederholung.

**Vergleich Luftbild und Grundkarte**

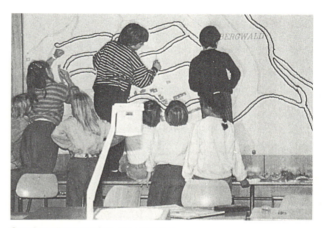

**Straßenzüge werden eingetragen.**

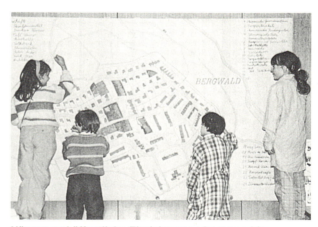

**Häuser und öffentliche Einrichtungen kommen hinzu.**

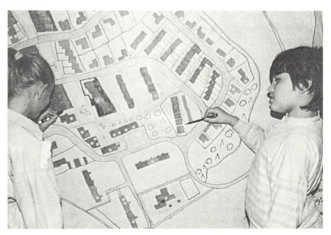

**Der Plan wird immer wieder erweitert.**

# Leistungsbeurteilung im Sachunterricht

In einigen Bundesländern werden im 3. Schuljahr Leistungsberichte geschrieben. Auf Wunsch der Eltern kann der Bericht durch Zensuren ergänzt werden, wenn die Schulkonferenz dieses beschlossen hat. Die Reformpädagogik zeigte schon lange, dass Zensuren zu einer extrinsischen Motivation führen. Die Grundschule heute hat sich der Lebenswirklichkeit angepasst und sie hat sich auch auf Grund der Erkenntnisse der Lernpsychologie und Lernbiologie verändert.

Schulisches Lernen bedeutet nicht mehr, dass Unwissende von Wissenden belehrt werden. Die Grundschule versteht sich heute als gestaltete Lernumgebung, als Lebens- und Erfahrungsraum der Kinder. Im „Haus des Lernens"[1] sind alle gemeinsam Lernende, mit dem Ziel, das dort stattfindende Leben gemeinsam kreativ zu gestalten. Selbst beim Lernen in Gruppen und im Klassenverband ist das Lernen ein höchst individueller Prozess, der durch „Kopf, Herz und Hand"[2] und über unterschiedliche Lernkanäle des Einzelnen in Gang gesetzt wird. Die Themen (Anforderungen) gibt zwar nach wie vor der Lehrplan vor. Doch daraus leitet die Lehrperson im Blick auf die Interessen der Kinder die Inhalte ab und daraus wiederum entwickeln Kinder und Lehrperson gemeinsam unterrichtliche Vorhaben (Unterrichtsreihen). Durch jedes unterrichtliche Vorhaben im Sachunterricht ermöglicht die Lehrperson dem einzelnen Kind Lernchancen auf den unterschiedlichen Lernebenen (kognitive, personale, soziale, emotionale und psychomotorische). Diese Lernchancen werden als Lernziele ausformuliert und sind gleichzeitig Beobachtungskriterien. Während und nach dem unterrichtlichen Vorhaben hält die Lehrperson in Rücksprache mit dem Kind den individuellen Lernzuwachs auf allen Lernebenen fest. Die Grundlage für eine Leistungsbeurteilung darf nur der individuelle Lernzuwachs des einzelnen Kindes sein.

Leistungserziehung ist unabhängig von Zensuren. Die Grundschule als „Haus des Lernens[3] und Lebens" will die Leistungsbereitschaft des einzelnen Kindes wecken und seine Leistungsfähigkeit fördern. Der pädagogische Leistungsbegriff ist nicht am Produkt, sondern am individuellen Lern- und Entwicklungsprozess des einzelnen Kindes, nicht an der Auslese, sondern an der individuellen Förderung und nicht am Konkurrenzdenken, sondern am sozialen Lernen orientiert.[4]

Im Zuge offener Unterrichtsformen, die gerade der Sachunterricht erfordert, ist das Führen einer Lernentwicklungsbiografie für jedes einzelne Kind unerlässlich. Aufgabe der Lehrperson ist es,

– Die Lernentwicklungsprozesse des einzelnen Kindes genau wahrzunehmen, zu beobachten und transparent zu machen,
– ihren eigenen Unterricht immer wieder selbstkritisch zu reflektieren und zu überprüfen, ob schulisches Lernen auch dem natürlichen Lernen entspricht (ganzheitliches Lernen, mit allen Sinnen. Inhalt muss Sache des Kindes sein). Selbstständiges, bewusstes und zielorientiertes Lernen ist dabei grundlegend,
– Lernentwicklungsberichte (Zeugnisse) individuell und gerecht zu formulieren (gerecht ist nur, was dem Kind gerecht wird), d.h. individuell zu versprachlichen und zu verschriftlichen,
– neben pädagogisch-diagnostischen auch prognostische Aussagen über den Lernprozess des einzelnen Kindes zu machen.

„Der Sachunterricht hat die Aufgabe, den Kindern Hilfen bei der Erschließung ihrer Lebenswirklichkeit zu geben. Im Rahmen dieser allgemeinen Aufgabenstellung der Grundschule befähigt er sie, sich mit natürlichen, technischen und sozialen Phänomenen der Lebenswirklichkeit und den Beziehungen zwischen ihnen auseinander zu setzen.

Dazu muss der Sachunterricht die Erfahrungen der Kinder in der Lebenswirklichkeit aufgreifen; er muss sie klären, ergänzen, ordnen und in schlüssige Zusammenhänge bringen. Auf diese Weise entwickelt er die Fähigkeit der Kinder, ihre Lebenswirklichkeit zunehmend differenzierter wahrzunehmen, und fördert das selbstständige Handeln. Er vermittelt zugleich auch neue Erfahrungen, so dass bei den Kindern auf der Grundlage eigenen Handelns weiterführende Einsichten entstehen können. In ihrer Lebenswirklichkeit gewinnen die Kinder Erfahrungen, indem sie

– vertrauten und fremden Menschen begegnen,
– mit Medien umgehen,
– am Leben innerhalb und außerhalb der Schule teilhaben,
– die heimatliche Umgebung erkunden,
– Veränderungen im Verlauf der Zeit wahrnehmen,
– Spielsachen, Werkzeuge, Materialien und Geräte benutzen,
– mit Gütern und Geld umgehen und Dienstleistungen in Anspruch nehmen,
– mit der belebten Natur umgehen,
– sich mit Naturerscheinungen und der gestalteten Umwelt auseinandersetzen,
– über sich selbst nachdenken.

Die Aufgabe des Sachunterrichts, den Kindern Hilfen bei der Erschließung ihrer Lebenswirklichkeit zu geben, macht es erforderlich, auf die individuellen Lernvoraussetzungen einzugehen. Je nach Lebensgeschichte und Lebensverhältnissen der Kinder sind unterschiedliche Sach- und Sozialerfahrungen vorhanden. Die Erfahrungen der Kinder können deshalb nicht der alleinige Bezugspunkt des Sachunterrichts sein. Es gilt, das Interesse der Kinder auch für solche Sachverhalte zu wecken, die noch nicht in ihrem Horizont lagen oder mit denen sie bislang noch nicht in Berührung kommen konnten.

Der Sachunterricht bereitet die Kinder darauf vor, sich selbstständig neue Sachverhalte zu erschließen. Dazu muss er die Fähigkeiten aufbauen und Verfahren bewusst machten, mit denen Fragestellungen sachgerecht und verantwortungsbewusst gelöst werden können."[5]

---

[1] Bildungskommission NRW: Zukunft der Bildung – Schule der Zukunft, Neuwied 1995, Seite 86 ff
[2] Johann Heinrich Pestalozzi (1746–1827)
[3] Bildungskommission NRW: Zukunft der Bildung – Schule der Zukunft, Neuwied 1995, Seite 86 ff
[4] Horst Bartnitzky, Reinhold Christiani: Zeugnisschreiben in der Grundschule, Heinsberg 1987, Seite 8
[5] Richtlinien und Lehrpläne für die Grundschule in NRW, Sachunterricht, Köln 1985, Seite 21

Eine Leistungsbeurteilung im Sachunterricht ermöglicht
- dem Kind die Chance der Selbsteinschätzung seiner Leistungen,
- der Lehrperson die Chance, eine Aussage zum Leistungsstand des Kindes zu machen und den Förderbedarf abzuleiten,
- den Eltern, dem Kind und der Lehrperson einen Einblick in die Lernentwicklung des Kindes (innerhalb eines unterrichtlichen Vorhabens bzw. innerhalb eines Schulhalbjahres).

Die Lehrperson kann bei jedem unterrichtlichen Vorhaben beobachten,
- inwieweit ein Kind zeigt, dass es im sozialen Umgang mit anderen zur Zusammenarbeit fähig ist und Konflikte mit friedlichen Mitteln bewältigen kann;
- wie sehr sich ein Kind für das Fach und einzelne Arbeitsbereiche und Themen interessiert und engagiert;
- ob ein Kind mit verschiedenen Medien adäquat umgehen kann (z.B. Benützung von Lexika, Sachbüchern, Karteien, Tabellen, Karten etc.);
- ob ein Kind mit verschiedenen Werkzeugen und Geräten umgehen kann (z.B. Kompass, Fernglas, Kassettenrekorder, Lupe, Schere, Klebstoff, Hammer etc.);
- ob und inwieweit es fähig ist Informationen zu beschaffen und zu verarbeiten;
- ob es selbstständige Versuche zur Problemlösung unternimmt;
- ob es Arbeitsergebnisse sachgerecht und ansprechend darstellen kann;
- inwieweit ein Kind Verantwortungsbewusstsein im Umgang mit Pflanzen und Tieren zeigt;
- ob sein Verhalten im Verkehr eher verantwortungsbewusst oder leichtsinnig ist;
- inwieweit das Kind über den geforderten Wissensstoff verfügt.

## Beobachtungskriterien

### Kooperationsfähigkeit
Inwieweit zeigt das Kind, dass es im Umgang mit anderen zur Zusammenarbeit fähig ist und Konflikte mit friedlichen Mitteln bewältigen kann?

### Interessenschwerpunkt
Interessiert und engagiert sich das Kind für das Fach, einzelne Arbeitsbereiche und Themen?

### Beherrschung von Medien
Kann das Kind adäquat mit verschiedenen Medien umgehen (Lexika, Sachbücher, Karten, Karteien, Tabellen usw.)?

### Umgang mit Arbeitsmitteln
Wie geht das Kind mit verschiedenen Werkzeugen um (Fernglas, Kompass, Lupe, Hammer, Schere, Klebstoff, Kassettenrekorder usw.)?

### Beschaffung und Verarbeitung von Informationen
Kann sich das Kind selbstständig Informationen beschaffen und sie auch verarbeiten?

### Selbstständige Problemlösung
Sucht das Kind selbstständig nach Lösungen?

### Heftführung, Vorlegen von Ergebnissen
Kann das Kind Arbeitsergebnisse sachgerecht und ansprechend präsentieren?

### Verantwortungsbewusstes Handeln
Wie verlässlich ist das Kind beim Umgang mit Pflanzen, Tieren, Sachen?

### Wissensaneignung, Tests
Wie gut kann sich das Kind Wissen aneignen?

### Besondere Beobachtungen
Hier können alle übrigen Verhaltensbeobachtungen notiert werden, wie z.B. Umsicht des Kindes bei Unterrichtsgängen, im Verkehr, o.Ä.

**Auszug aus einer Lernentwicklungsbiografie**

| | Name Marco | | Klasse 3 b |
|---|---|---|---|
| | **Beobachtungen – Einschätzungen – Beurteilungen** | | |
| **Kriterien** | | | |
| • Kooperationsfähigkeit | Kommt in Gruppe nicht zurecht 12. 9. | hilft Uwe bei Hausaufgaben 2. 10. | will in GA alles alleine machen ++ | will immer Erster sein 15. 3. |
| • Interessenschwerpunkt | bringt Pflanzenbestimmungsbuch mit 20. 9. | sammelt Zeitungsausschnitte über bedrohte Tiere ++ | | |
| • Beherrschung von Medien (Lexika, Karteien) | beherrscht Umgang mit Lexika und Sachbüchern | benützt Arbeitskarten selbstständig | kann Tabellen lesen erklären | |
| • Umgang mit Arbeitsmitteln (Fernglas) | beim Einkleben von AB Schwierigkeiten, Blätter kleben zusammen | benützt Kassettenrekorder für Interviews 6. 12./4. 2. | erklärt Mitschülern, wie Fernglas eingestellt wird | |
| • Beschaffung und Verarbeitung von Informationen | verwendet eigene Sachbücher | macht Interview mit Großvater 6. 12. | stellt dem Bürgermeister sehr gute Fragen + | |
| • Selbstständige Problemlösung | hat eigene Zeitmessmaschine erfunden 13. 11. | | | |
| • Heftführung Präsentation von Ergebnissen | arbeitet ohne Sorgfalt; alles muss schnell gehen! | – – (Heftführung) 5. 11./14. 4. | + 14. 2. | |
| • Verantwortungsvolles Handeln bei Klassendiensten | vernachlässigt häufig Gießdienst | – 9. 9. | | |
| • Wissensaneignung Tests | + 13. 9. | ++ 14. 10. | + 2. 11. | T1 18/20    T2 14/20 |
| • Besondere Beobachtungen (Lerngänge) | bei Unterrichtsgängen „kaum zu halten" | | | weiß oft mehr als gefordert! |
| | | | | Note: **2** |

# Spielerische Lern- und Übungsformen – Freiarbeit

Wir erachten das Scheiben von „Sachunterricht-Tests für nicht unproblematisch, halten gleichwohl aber einen sicheren Erwerb grundlegenden Wissens für wichtig. Deshalb erscheint es uns notwendig Möglichkeiten aufzuzeigen, wie mit spielerischen Übungsformen eine Absicherung des Wissensstoffes erreicht werden kann, ohne die Kinder mit der als bedrohlich erlebten und Angst auslösenden Situation des Test-Schreibens konfrontieren zu müssen.

▶ Zum Beispiel: Unser „Blitzmerker-Spiel" aus dem Lehrerband zum Tausendfüßler 2

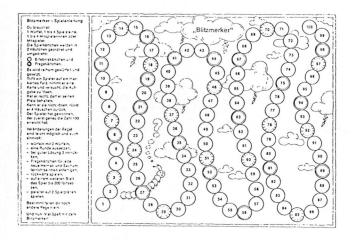

Hierfür ist es notwendig, dass der Wissensstoff der einzelnen Unterrichtseinheiten auf Frage-Antwort-Kärtchen festgehalten wird. Es ist für die Schüler eine reizvolle Aufgabe am Ende einer Unterrichtseinheit in Gruppenarbeit die Wissensinhalte selbst in Frage-Antwort-Form auf Kärtchen zu übertragen und dem Kartensatz des Blitzmerkerspiels einzuverleiben. Damit kann jederzeit, in Pausen oder Freiarbeitszeiten, gespielt, gelernt und geübt werden.

Die Schüler erfinden mit den Frage-Antwort-Kärtchen selbst rasch andere Spielmöglichkeiten zur Abwechslung:

▶ Mehrere Kinder sitzen um den Stapel Frage-Antwort-Kärtchen (Frageseite nach oben), der in der Mitte auf dem Tisch liegt. Ein Kind beginnt: Es nimmt eine Frage-Karte auf, liest laut vor und versucht, die Frage zu beantworten. Ist die Antwort richtig, darf es die Karte behalten, und der nächste Mitspieler kommt dran (Variation: Das Kind bleibt so lange an der Reihe, bis es die richtigen Antworten weiß); ist die Antwort falsch, wird die Karte irgendwo in die untere Hälfte des Kartenstapels zurückgeschoben.
Wer am Schluss die meisten Karten hat, ist Sieger.

▶ Die Karten werden gemischt und ausgeteilt, jeder Mitspieler erhält zehn Frage-Antwort-Karten, die restlichen Karten kommen in die Mitte. Jeder Spieler hält seine Karten so, dass die Frageseite nach oben zeigt, aber keine Fragen lesbar sind (evtl. leere Deckkarten verwenden). Der beginnende Spieler darf einen Mitspieler auswählen, bei dem er eine Frage-Karte zieht. Kann er die Frage beantworten, darf er die Karte ablegen, kann er sie nicht korrekt beantworten, muss er die Karte behalten und zusätzlich eine weitere Karte aufnehmen. Das Spiel ist zu Ende, wenn ein Mitspieler keine Karten mehr hat; gewonnen hat der, der die meisten Karten ablegen konnte.

▶ Die Frage-Antwort-Karten werden gemischt, jeder der Mitspieler erhält acht Karten, die vor ihm mit der Frageseite nach oben nebeneinander auf dem Tisch liegen. Jeder Spieler liest seine Fragen durch und überlegt, ob er die Antwort weiß. Ist er bei einer oder mehreren Fragen unsicher, darf er eine gegen zwei Karten, die aus dem Stapel zu ziehen sind, eintauschen.
Der beginnende Spieler darf nun eine Karte seiner Wahl vorlesen, beantworten und umdrehen. Ist die Antwort richtig, darf er die Karte ablegen. Ist die Antwort falsch, muss er zwei neue Karten ziehen. Gewonnen hat, wer zuerst seine Karten los ist.

„Zwar weiß ich viel, doch möcht' ich alles wissen."
Faust

▶ Anspruchsvoller und interessanter ist die Gestaltung der Frage-Antwort-Karten nach dem Prinzip des „Trivial Pursuit"-Spiels. Bei diesem Würfelspiel hat der Spieler die Möglichkeit, durch entsprechendes Ziehen auf dem Spielbrett aus mehreren Fragekategorien eine ihm angenehme Kategorie auszuwählen. Bei Übertragung dieses Spiels auf unterrichtliche Zwecke können die Kategorien als Unterrichtseinheiten oder Themenbereiche (z.B. „Pflanzen", „Tiere" etc.) betrachtet werden. (Trivial Pursuit, Horn Abbot International LTD, 1986).

▶ Ein besonders lustiges Spiel entsteht, wenn nur die Antwortseite verwendet wird und der Begriff von einem Kind gezeichnet und von den anderen erraten werden muss. Am besten geht das auf der Grundlage des ebenfalls im Handel erhältlichen Spiels „Pictionary – Das Spiel mit dem schnellen Strich" (Pictionary Inc. 1985).
Für das Lernen und Üben in Einzelarbeit eignet sich das „Electra" von Vedes, ein elektrisches Fragespiel, das leicht für unterrichtlichen Einsatz adaptiert werden kann. Das dürfte nunmehr der Schnittpunkt sein, an dem „lernendes Spiel" und „spielendes Lernen" in „gezieltes" Lernen übergehen. Vielfältige Formen des Lern- und Übungsangebots müssen für die individuelle Aneignung des Wissensstoffes parat gehalten werden, soll der Unterricht den vielfältigen Lernformen und Lerntypen genügen.
Das bedeutet, dass wir den Kindern ein möglichst vielfältiges Angebot verfügbar machen müssen. In der **Freien Arbeit** (auch „Freiarbeit") lernen und üben die Kinder, wobei sie die Aufgaben, das Arbeitstempo und die Aufgabenschwierigkeit selbst bestimmen.
Entscheidend für diese Art von Unterricht ist, dass es dem Lehrer gelingt, die notwendigen Freiarbeitsmaterialien in der erforderlichen Vielfalt und Menge anzubieten. Dabei sollten diese Materialien auf den eigenen Unterricht und das verwendete Unterrichtswerk zugeschnitten sein; fertige, auf dem Markt angebotene Materialien haben da nur einen begrenzten Wert.

# Tipps und Bücher

**Garlichs, Ariane: Alltag im offenen Unterricht.**
Das Beispiel Lohfelden-Vollmarshausen
Frankfurt am Main: Diesterweg 1990

Spielbeispiele bringt
**Bairlein, Sigrid, Kuyten, Gerdi: Freiarbeit in der Heimat- und Sachkunde. Kopiervorlagen.**
Donauwörth: Auer, 4. Auflage 1998

**Buschbeck, Helene: Reflektierende Beobachtung.**
Berlin: Pädagogisches Zentrum 1985

**Clausen, Claus (Hrsg.): Handbuch Freie Arbeit.**
Weinheim: Beltz 1995

**Hell, Peter (Hrsg.): Öffnung des Unterrichts in der Grundschule.**
Donauwörth: Auer 1993

**Bartnitzky, Horst/Christiani Reinhold: Zeugnisschreiben in der Grundschule**
Heinsberg: Agentur Dieck 1987

Ein anspruchsvolles Spiel ist „Outburst", ein Gruppenspiel mit 2 Teams. Zu einem gewählten Stichwort müssen in vorgegebener Zeit möglichst viele Wörter „herausgerufen" werden. Für jedes Wort, das mit dem auf der Karte übereinstimmt, gibt es einen Punkt. Dieses Spiel lässt sich zu den Themen des Unterrichts gut verwenden.
Kennet Parker
Max-Planck-Str. 10
63128 Dietzenbach

**Weigert, Hildegund/Weigert, Edgar: Schülerbeobachtung. Ein pädagogischer Auftrag.** Weinheim: Beltz 1993

Viele weitere Spielideen und Anregungen zu Freiarbeitsmaterialien finden Sie in folgenden Veröffentlichungen:
- Praxis Grundschule, Heft 1, März 1989, „Spiele – spielen, spielend lernen". Braunschweig: Westermann
- Günter Walter: Spielen im Sachunterricht. Heinsberg: Agentur Dieck 1984
- Ingo Strote: Das Wochenplanbuch für die Grundschule. Heinsberg: Agentur Dieck 1985
- Gerhard Sennlaub: Mit Feuereifer dabei. Heinsberg: Agentur Dieck 1985.

**E. Kohlwey/E. Moers/S. Ströhmann: Mit Kindern die Natur spüren.**
Donauwörth: Auer 1998

**Bastian, Johannes: Offener Unterricht. – Zehn Merkmale zur Gestaltung von Übergängen.**
In: Pädagogik, 47. Jg. 1965, H. 12, S. 6–11

**Jürgens, Eiko: Die neue Reformpädagogik und die Bewegung Offener Unterricht.**
St. Augustin: Akademica 1994

**Kasper, Hildegard u.a.: Laßt die Kinder lernen – Offene Lernsituationen.**
Braunschweig: Westermann 1989

## Der örtliche Stoffplan

Die Einbeziehung möglichst vieler örtlicher Gegebenheiten bringt Vorteile für den Unterricht; sie sollten verstärkt eingesetzt werden. Eine verbesserte Motivation, eine Zunahme der Primärerfahrungen, eine höhere Behaltensrate bzw. Rückerinnerungsfähigkeit bei unseren Kindern resultieren daraus.

Es bietet sich an, dass die Schulen örtliche Stoffverteilungspläne erstellen, in denen besondere Gegebenheiten der Gemeinde und Region berücksichtigt werden. Am besten wird der örtliche Plan für den Sachunterricht in einer Konferenz erstellt, damit alle Beteiligten bei der Materialsammlung dabei sein können. Bereits in der Diskussion werden vielfältige Erfahrungen ausgetauscht, die den Kenntnisstand des einzelnen sicher bereichern. Als günstig hat es sich erwiesen diese Arbeit an einem Pädagogischen Tag vorzunehmen; bei einem gemeinsamen Unterrichtsgang bringen die Kollegen viele praktische Hinweise ein.

Praktisch ist es die schuleigenen Lehrmittel mit aufzuführen, dann wird ein möglichst effizienter Einsatz gewährleistet. Um die Aktualität der Daten zu erhalten sollte der Plan offen für zusätzliche Eintragungen sein.

Immer wieder werden Verbindungen zu der Lebenswirklichkeit der Schüler gesucht. Dies ist eine permanente Aufgabe in jeder Sachunterrichtseinheit.

## Stoffverteilungsplan oder: So kann man es machen

Vorbereitung ist das tägliche Brot des Lehrers. Immer wieder kreisen die Gedanken um die zu behandelnden Stoffe. Bei dem enormen Zeitaufwand, den eine gute Vorbereitung erfordert, ist es nicht verwunderlich, dass sich jeder Lehrer um eine möglichst ökonomische Form dieser Arbeit bemüht. Unser Lehrerband möchte alle bei dieser Aufgabe unterstützen und helfen den notwendigen Aufwand in erträglichen Grenzen zu halten.

Sobald die Deputatsverteilung bekannt ist, beginnt die Einstellung auf die neue Klasse. Man merkt auf, wenn im Kollegium die Rede auf diese Klasse kommt und achtet genau auf die gemachten Erfahrungen, auf gelungene Aktionen, auf bewährte Arbeitsmittel, auf empfehlenswerte Lehrmittel. Normalerweise schließt sich nun ein Blick in den Lehrplan an, bevor man die eingeführten Schulbücher mustert.

Vielerlei Anregungen wurden in diesem Lehrerband gesammelt, sie tragen zu einer tatsächlichen Arbeitserleichterung bei. Die vorliegende Materialsammlung zu sämtlichen Themenbereichen wird durch einen Vorschlag zur Stoffverteilung ergänzt. Dieser Vorschlag kann und muss örtlich variiert werden, da Klassengröße, Projektplanungen, Schullandheimaufenthalte u.a. nicht berücksichtigt sein können.

Daneben wird immer wieder mit Querverweisen auf die Behandlung der für die Grundschule vorgesehenen Fächer übergreifenden Themen hingewiesen. Hier entscheiden der Lehrer bzw. die Parallelklassenlehrer, in welchem Rahmen diese Themen unterrichtlich behandelt werden. Eine projektartige Ausweitung ist im 3. Schuljahr bei jedem der vier Themenbereiche denkbar, da sie alle durch vorgeschriebene Inhalte tangiert werden. Für diesen Zweck können selbstverständlich die zehn Verfügungswochen anders plaziert werden.

Zusätzliche Absprachen im Kollegium empfehlen sich für besondere Gelegenheiten, die ebenfalls in der vorliegenden Planung unberücksichtigt bleiben, etwa Europatag, Umwelttag, Herbstanfang, Weltkindertag, Tag des Baumes u.a. Sie unterbrechen den gewohnten Alltag und lassen kurzfristig auch fächer- und klassenübergreifende Aktivitäten zu.

Wie bei den anderen Schuljahren ist es für die unterrichtliche Arbeit wesentlich den Unterrichtsgegenstand vor Ort ausfindig zu machen, so dass außerschulische Lernorte selbstverständlich werden. Das Leben in der Gemeinde, in der sich die Schule befindet, beeinflusst durch ihre Feste und Feiern die Erlebniswelt der Kinder intensiv mit und diese sollten auch im Unterricht aufgearbeitet werden. Am Sachunterricht liegt es diese Erfahrungen einzubeziehen, sie auszuwerten, in Zusammenhänge zu bringen und damit bewusst zu machen. Eine sinnvolle Beteiligung und Unterstützung des Gemeindelebens ist eine Folge.

# Stoffverteilungsplan

Fach: Sachunterricht
Lehrer/in: _____

Schuljahr 19__ / __
Klasse: 3
Datum: _____

| Woche | Datum | Thema |
|---|---|---|
| 1 | | **Ferienerlebnisse erzählen**<br>Stundenplan<br>Was wir im dritten Schuljahr lernen – Wünsche für unterrichtliche Vorhaben – Lehrplan – „Tausendfüßler"-Inhaltsverzeichnis vorstellen |
| 2 | | **Wohnumgebung und Heimatort**<br>Der Ort, in dem wir leben<br>Unterrichtsgang durch den Schulbezirk<br>Besteigen eines hohen Turmes oder eines hohen Hauses<br>Erstellen einer Faustskizze; Schrägansicht des Heimatortes |
| 3 | | Da bin ich geboren (S. 4/5)<br>Wir erstellen ein „Da-bin-ich-geboren"-Buch<br>Schatzsucherspiel (S. 6/7), Unterrichtsgang |
| 4 | | Unsere Schule, eine unter vielen<br>Wir fertigen am Beispiel der Wichernschule (S. 8/9) ein Modell<br>von unserem Schulgelände und entwickeln daraus eine Grundrisszeichnung |
| 5 | | Vom Luftbild zum Ortsplan (S. 10/11)<br>Erstellen eines einfachen Stadtplans<br>Eintragen von Straßen, Wohnungen, öffentlichen Einrichtungen<br>Unterrichtsgang zum Rathaus, Prospekte mitnehmen |
| 6 | | Da bin ich zu Hause (S. 12/13)<br>Unterrichtsgang durch den Schulbezirk<br>Wir machen Fotos von markanten Stellen |
| 7 | | Spurensuche (S. 14)<br>Unterrichtsgang zum Museum und zum Stadtarchiv |
| 8 | | Projekte:<br>„Heimatbuch", „Wäsche waschen wie vor vielen Jahren" oder<br>„Schule früher" (S. 15)<br>Fotoausstellung: So war es früher bei uns in …<br>Gäste: Alte Menschen aus dem Schulbezirk erzählen von früher |
| | | **Herbstferien** |
| 9 | | **Pflanzen für die Ernährung**<br>Getreide gibt uns Nahrung (S. 28/29) |
| 10 | | Der Mähdrescher (S. 30)<br>Vom Korn zum Brot (S. 31)<br>Wir mahlen Korn – Wir backen Brot |
| 11 | | Kartoffeln aus Amerika (S. 32/33)<br>Wir sammeln Kartoffelrezepte |
| 12 | | Wir kochen Kartoffelgerichte und essen sie gemeinsam<br>Gemüse im eigenen Garten (S. 34/35) |

| Woche | Datum | Thema |
|---|---|---|
| 13 | | **Zusammen leben und lernen in der Schule**<br>Die 3a ist Klasse! (S. 16/17)<br>Klassenkonferenz – Klassenregeln |
| 14 | | Wir feiern ein Fest (evtl. Weihnachtsfest) (S. 18/19)<br>Vorbereitungen treffen, Klassenraum schmücken<br>Gäste einladen, Einladungskarten verfassen |
| 15 | | Spiele, Lieder, Tänze festlegen, Theaterstück üben<br>Elternabend, Eltern in die Vorbereitung einbeziehen (Essen und Trinken gemeinsam mit den Kindern zubereiten) |
| | | **Weihnachtsferien** |
| 16 | | **Freundschaft**<br>Typisch Junge! Typisch Mädchen! (S. 20/21) |
| 17 | | Freundschaft (S. 22/23) |
| 18 | | Gefühle (S. 24/25)<br>Wir erstellen eine Gefühlekartei |
| 19 | | Schwangerschaft und Geburt (S. 26/27) |
| 20 | | **Briefe schreiben und telefonieren**<br>Das Postspiel der 3a (S. 64)<br>Wir schreiben Briefe an eine Partnerklasse<br>Wir schreiben Briefe an eine Behörde, Institution, an einen Politiker, etc. und bringen ein Anliegen vor<br>Zu Besuch bei der Post (S. 65)<br>Unterrichtsgang zur Post |
| 21 | | Nicos Brief geht auf die Reise (S. 66)<br>Telefonieren ist keine Kunst (S. 67) |
| 22 | | **Fernsehen**<br>Streit ums Fernsehen (S. 68)<br>Wie heißt deine Lieblingssendung (S. 69)<br>Welche Sendung schauen wir uns an (S. 70)<br>Arbeit mit Programmzeitschriften<br>Eine Kindersendung gemeinsam anschauen und diskutieren |
| 23 | | Wir machen unser Fernsehen selbst (S. 71) |
| 24 | | Wir drehen einen Film (S. 72/73)<br>Fächerübergreifendes unterrichtliches Vorhaben:<br>Wir planen das Thema, wir schreiben ein Drehbuch |
| 25 | | Wir verteilen die Aufgaben (Rollen vor der Kamera, Aufgaben hinter der Kamera)<br>Unterrichtsgänge: Wir drehen im Schulbezirk die notwendigen Szenen |
| 26 | | **Sich richtig ernähren**<br>Aktion Pausenbrot (S. 36/37)<br>Wir planen ein gemeinsames Frühstück und führen es durch |

| Woche | Datum | Thema |
|---|---|---|
| 27 | | Essen macht gesund oder krank (S. 37/38) |
| 28 | | **Pflanzen für die Ernährung**<br>Gemüse aus dem eigenen Garten (S. 34/35)<br>Planen der Arbeiten im Schulgarten,<br>Planungskalender erstellen, Arbeiten im Schulgarten |
| | | **Osterferien** |
| 29 | | **Das Wetter**<br>Wetterpropheten (S. 48/49)<br>Wir bauen unsere eigene Wetterstation (S. 50/51) |
| 30 | | **Das Wasser**<br>Wasserwerkstatt (S. 52/53)<br>Wir alle brauchen Wasser (S. 56/57) |
| 31 | | Aminatas Entdeckung (S. 58/59)<br>Fächerübergreifendes unterrichtliches Vorhaben:<br>Handlungsorientierter Umgang mit dem Bilderbuch „Aminata" |
| 32 | | Woher kommt unser Trinkwasser? (S. 60/61)<br>Unterrichtsgang zum Wasserwerk |
| 33 | | Wohin mit dem Schmutzwasser? (S. 62/63)<br>Unterrichtsgang zur Kläranlage |
| 34 | | **Lebensräume für Pflanzen und Tiere**<br>Lebensraum Wiese (S. 38/39)<br>Unterrichtsgang zur nahegelegenen Wiese<br>Der Löwenzahn (S. 40)<br>Wir erstellen ein Herbarium<br>Wo die Familie Tausendfüßler haust (S. 41) |
| 35 | | Bedrohter Lebensraum (S. 42/43) |
| 36 | | Vor vielen Millionen Jahren (S. 44/45) |
| 37 | | Wir bauen einen Dinosaurier (S. 46/47)<br>Fächerübergreifendes unterrichtliches Vorhaben:<br>Wir informieren uns in Sachbüchern über Dinosaurier und bauen einen<br>Wir erstellen Steckbriefe und ein Würfelspiel |
| 38 | | **Fahrzeuge**<br>Schnelle Wagen (S. 74/75)<br>Was bewegt die Räder? (S. 76/77)<br>Wir machen einen Rennwagenwettbewerb (kleine Autos an Bindfäden aufrollen) |
| 39 | | **Mit dem Fahrrad unterwegs**<br>Ist dein Fahrrad verkehrssicher? (S. 78/79)<br>Verkehrszeichen (S. 80/81)<br>Rechts vor links (S. 82/83) |
| 40 | | So flicke ich mein Fahrrad (S. 84/85) |
| | | **Sommerferien** |

**Eintragungen von örtlichen Besonderheiten:**

# Was wir im 3. Schuljahr lernen (S. 2/3)

## Zur Einführung des „Tausendfüßler 3"

„Wenn ein Tausendfüßler ein Bein bricht, bleibt er noch lange nicht stehen."

Afrikanisches Sprichwort

Auch die Arbeit mit dem „Tausendfüßler" geht weiter, und wenn bisher oder zukünftig mal eine Seite nicht ihren Wünschen entspricht, so wird das auch kein Beinbruch sein. Im Ganzen, so meinen wir, kann die Arbeit mit dem „Tausendfüßler" Kindern, Lehrerinnen und Lehrern Spaß machen und darum führt auch der 3. Band die Grundkonzeption der bisherigen Bände fort. Dieser Lehrerband will eine zusätzliche Hilfe sein, den Sachunterricht handlungsorientiert, entdeckend und selbsttätig in offenen Lernsituationen zu gestalten.

Trotzdem liegt zwischen Klasse 2 und 3 ein Einschnitt, der oft auch mit einem Lehrerwechsel verbunden ist. Im Sachunterricht treten neben die in Klasse 1 und 2 grundgelegten Arbeitsweisen neue Formen des Lernens. Die zunehmende Eigenständigkeit der Kinder wird mehr Mitbeteiligung am Unterricht und größere Selbstständigkeit möglich machen. Dieser Fortentwicklung – einen wirklichen „Bruch" zwischen Klasse 2 und 3 darf es eigentlich nicht geben! – trägt der „Tausendfüßler" schon äußerlich sichtbar Rechnung. Die Identifikationsfigur des „Tausendfüßlers" bleibt zwar erhalten, tritt aber mehr in den Hintergrund. Als neue Leitfiguren begleiten Katrin, Nico und Bastian die Kinder durch das 3. und 4. Schuljahr. Der Textanteil nimmt zu, der Lesefertigkeit der Kinder entsprechend. Das Foto als Medium realitätsnaher Sachvermittlung gewinnt gegenüber der Illustration an Bedeutung. Trotz zunehmender Sachlichkeit bleibt aber der „Tausendfüßler" ganz bewusst ein Buch, das mehr an ein gutes Kindersachbuch als an ein Schulbuch erinnern will. Mit besonderer Sorgfalt wurde darauf geachtet, dass die Lernvorschläge für den im Buch exemplarisch dargestellten Ort auf möglichst jeden Ort übertragbar sind. Eine wichtige Vermittlerrolle kommt dabei den drei Leitfiguren zu, die mit den Ideen andere zu ähnlichen Unternehmungen am eigenen Heimatort ermuntern wollen.

### Mögliche Vorgehensweise

- Gemeinsames Betrachten des Umschlags.
- Gestalten eines eigenen Titelblatts für die Sachunterrichtsmappe mit Hilfe des Arbeitsblattes 1.
- Betrachten der S. 2/3 und Information über die Themen der Klasse 3.
- Erstellen einer ähnlichen Collage als Gemeinschaftsarbeit für das Klassenzimmer.
- Gemeinsame Stoffplanung, Sammeln von Fragen und Vorschlägen, Festlegen einer zeitlichen Abfolge. Aufhängen in der Klasse, jederzeit ergänzbar und offen für neue Ideen.
- Arbeitsblatt 2 abschließend einsetzen.

Katrin liest gern und viel. Sie will anregen, Lexika und Sachbücher zu gebrauchen und interessante Artikel aus Zeitungen und Zeitschriften auszuschneiden.

Bastian ist ein Forscher- und Entdeckertyp, der anregen will die Augen offen zu halten, weil es dann vieles zu entdecken und zu sammeln gibt.

Nico ist ein Bastler. Er könnte ein ausländischer Mitschüler sein. Immer hilfsbereit und voller Ideen.

# Was wir im 3. Schuljahr lernen (S. 2/3)

Noch einige Hinweise in Stichworten, bevor es richtig losgeht:

### Stoffplanung:

Sie sollte sowohl in der Jahres- wie in der Detailplanung gemeinsam mit den Kindern erfolgen, um deren besondere Interessen und Fragen einzubeziehen. Außerdem ist sie wichtig für das langfristige Sammeln entsprechender Materialien und die Vorbereitung von Lerngängen oder von Schülerbeiträgen zu den einzelnen Themen. Hätten Sie nicht Lust mit Ihrer Klasse die Stoffplanung in Form eines großen Bildes (Collage) in der Art der Seiten 2/3 zu machen?

### Arbeitsblätter:

Sie sind das Schulbuch ergänzende und den Lehrer bei der Vorbereitung entlastende Arbeitsangebote, die zugleich den Grundstock der eigenen Sachunterrichtsmappe bilden. Alles, was Sie ganz praktisch mit ihren Schülern im Sachunterricht machen, ist besser als das beste Arbeitsblatt.

### Mappe:

In ihr dokumentiert sich auch – aber nicht nur – das Lernen eines ganzen Jahres im Sachunterricht. Sie könnte zu einem schön und vielseitig gestalteten eigenen „Buch" der Kinder werden mit Bildern, Fotos, Zeitungsausschnitten, Zeitschriftenartikeln, Berichten usw. Wir werden damit leben müssen, dass das einigen, aber nicht allen gelingt.

### Eltern:

Sie sind mehr als nur die Hilfstruppe der Lehrerschaft bei Schulfesten und Ausflügen. Gerade die Idee eines (Sach-)Unterrichts, der den Kindern Freiräume für eigene Entdeckungen lässt, ist auf Einsicht und Verständnis der Eltern angewiesen. Und vielleicht gibt es manchen Vater und manche Mutter in der Klasse, die als „Fachleute im Unterricht" den Sachunterricht bereichern und beleben können. Also: Auch der Sachunterricht müsste ein Thema und nicht nur ein Stiefkind von Elternabenden sein.

Dieses Arbeitsblatt verwenden die Kinder als Titel- und Deckblatt ihrer Sachunterrichtsmappe. Es ähnelt der Titelseite des „Tausendfüßlers" und bringt doch von Anfang an den eigenen Ort ins Bild. So sollen die Mappen zu einem ganz persönlichen und heimatnahen Lerndokument der Kinder werden, zu ihrem eigenen „Tausendfüßler-Buch".

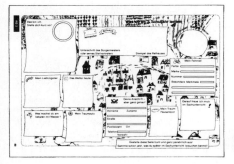

Arbeitsblatt 2 bringt einen ersten Rundgang durch die Themen des 3. Schuljahres. Die vorgeschlagenen Aktivitäten sind nicht immer streng lehrplangerecht, wollen aber neugierig machen und einstimmen auf das, was die Kinder erwartet. Wer bessere Ideen hat, soll sich bitte nicht sklavisch an die Vorgaben des „Tausendfüßlers" halten.

# Wohnumgebung und Heimatort (S. 4)

## INTENTIONEN

**Wohnumgebung und Heimatort**

Ausgehend von der überschaubaren und vertrauten Schulumgebung, erkunden die Kinder ihren Ort. Sie orientieren sich dabei am Ortsplan, lernen die örtlichen Besonderheiten kennen und erhalten Einblick in vielfältige Beziehungen innerhalb der Gemeinde. In der aktiv handelnden Auseinandersetzung mit dem Ort und seiner Geschichte erschließt sich den Kindern ein Stück Alltagswirklichkeit.

| | |
|---|---|
| In unserem Ort können Menschen vielfältige öffentliche Einrichtungen in Anspruch nehmen | Rathaus, Schulen, Kirchen, Kindergärten, Krankenhaus, Post, Feuerwehr, Müllabfuhr |
| | Bestandsaufnahme – Erkunden eines Beispiels |
| Landschaftliche und kulturelle Besonderheiten prägen einen Ort | Sehenswürdigkeiten |
| | Freizeiteinrichtungen |
| | Heimatfeste |
| | Städtepartnerschaften, Partnerschulen |
| Von der Wirklichkeit zur Plandarstellung | Unterrichtsgänge, Modelle, Sandkasten, Luftaufnahmen |
| | Pläne der Schulumgebung und des Ortes |
| | Einfache Kartensymbole |
| | Orientierungsübungen/Himmelsrichtungen |
| | Wegbeschreibung, Wegskizzen Texte schreiben |
| Die Veränderungen unseres Ortes haben Ursachen und Folgen | Anlässe: neue Wohn-, Industrie- und Gewerbegebiete, Ortssanierungen, Flurbereinigungen, Nahverkehrswege |
| | Eingriffe in die Natur und die Auswirkungen auf die Umwelt |
| Spurensuche: Unser Ort hat eine Vergangenheit | Ortsnamen, Straßennamen |
| | Wappen, Chroniken |
| | Historische Karten und Ansichten Brauchtum und Sagen |
| | Persönlichkeiten aus vergangener Zeit |
| | Historische Gebäude |
| | Vorschläge für projektorientiertes Lernen: |
| | Bauen von Modellen zur Heimatgeschichte (Körper/Raum) |
| | Gestalten eines Heimatbuches (Verfassen von Texten zur Vergangenheit, Gegenwart und Zukunft unseres Ortes) |

## INHALT

**Wohnumgebung und Heimatort**

| | Seite |
|---|---|
| Was wir im dritten Schuljahr lernen | 2/3 |
| Da bin ich geboren | 4 |
| Schatzsucherspiel | 6 |
| Eine Schule unter vielen | 8 |
| Vom Luftbild zum Ortsplan | 10 |
| Da bin ich zu Hause | 12 |
| Spurensuche | 14 |

### Zeitliche Einordnung

Im Tausendfüßler wurde diese Unterrichtseinheit an den Anfang des Buches gesetzt.
Damit ist signalisiert, dass sie nicht jahreszeitlich fixiert werden kann, sondern während des gesamten Schuljahres immer wieder – sei es implizit oder explizit – thematisiert werden sollte.
Im Blick auf die zeitliche Planung ist jedoch zu berücksichtigen, dass diese Thematik in jedem Fall eine ganze Reihe von Lerngängen erforderlich macht. Es bietet sich an mit der Unterrichtseinheit schon recht bald nach Schuljahresanfang zu beginnen.

## Vorüberlegungen zur Unterrichtseinheit

In der Lehrplankonzeption des Sachunterrichts nimmt im 3. Schuljahr die Unterrichtseinheit „Den Ort erkunden" eine zentrale Stellung ein. Das drückt sich insbesondere durch den engen Bezug der anderen Lehrplaneinheiten zum Heimatort aus. In ihren örtlichen Besonderheiten bestimmen sie das Erleben, Erfahren und Verstehen des heimatlichen Raumes ganz wesentlich mit: So wird die Unterrichtseinheit „Pflanzen zu Nahrungsmitteln verarbeiten" ein ganz unterschiedliches Gepräge tragen müssen, je nach Lage des Ortes, in einem Spargelanbaugebiet oder inmitten von Rebland. Ganz ähnlich verhält es sich bei den Unterrichtseinheiten „Pflanzen und Tiere", „Die Post", „Die Bedeutung des Wassers" oder bei der Verkehrserziehung – sie alle müssen an die unmittelbare Lebenswirklichkeit der Kinder anknüpfen und leisten dann einen wichtigen Beitrag in dem vielschichtigen – auch emotionalen – Prozess der Aneignung von Heimat.

Im Blick auf dieses zentrale Anliegen des Sachunterrichts steht ein Unterrichtswerk, das überall einsetzbar sein muss, vor einem Problem, das durch ein Buch prinzipiell nur ansatzweise gelöst werden kann: Es muss sich – was die Inhalte angeht – auf überregional bedeutsame Inhalte beschränken und gleichzeitig solche Verfahrensweisen anbieten, mit Hilfe derer regional oder örtlich bedeutsame Inhalte erkundet und aufgearbeitet werden können.

Wenn damit bestimmte Arbeitsformen, Verfahren oder Handlungsmöglichkeiten in den Vordergrund rücken, so ist dies allerdings nicht als trickreiche Notlösung zu sehen: Entdecken, erkunden, Informationen beschaffen und verarbeiten, Materialien sammeln und ausstellen, Versuche durchführen – all dies sind Arbeitsformen und Verfahren, die ihren eigenen Bildungswert beanspruchen; sie fördern die Selbstständigkeit ebenso wie die Fähigkeit zur Zusammenarbeit, fordern die Kreativität heraus und stärken das Verantwortungs- und Selbstbewusstsein.

# Wohnumgebung und Heimatort (S. 4)

Wir müssen davon ausgehen, dass sich das Vorstellungsbild über den Heimatort für jedes einzelne Kind zu Beginn der 3. Klasse anders repräsentiert. Die Vorstellungen sind geprägt von der näheren Umgebung der Wohnung, vom Weg zu Schule, von den familiären Gewohnheiten des Einkaufens und der Freizeitgestaltung; diese individuellen Lebensumstände lassen ganz unterschiedliche Vorstellungsbilder entstehen.

Aufgabe des Sachunterrichts ist es daher zum einen diese lückenhafte, mosaikartige Repräsentation zu vervollständigen, d.h. den Schülern ein Gesamtbild ihres Wohnortes zu vermitteln, und zum anderen in Bezug auf die zentralen „Mosaiksteine" dieses Gesamtbildes hinter die Oberfläche zu sehen: zu erfahren, was im Rathaus geschieht, was es mit einer Statue, einem Grenzstein, einem alten Turm auf sich hat, wie es kommt, dass Wasser aus dem Hahn läuft etc. Das ist ein notwendiger Schritt, damit die Kinder überhaupt solche Begriffe „Verwaltung", „Geschichte", „Wasserversorgung" oder „Gemeinde" bilden und mit Inhalten füllen und schließlich damit umgehen können.

Das Schülerbuch beginnt mit dem Bild einer fiktiven **Spiellandschaft**, wie sie Kinder dieses Alters lieben. Fast alle haben in und durch ihr Spiel ein Stück Landschaft oder Wohnumgebung – sei es ein Park oder nur der Innenhof eines Wohnblocks – „in Besitz genommen", hier kennen sie sich aus, wissen, wo man sich am besten verstecken kann, wo Ballspielen erlaubt oder verboten ist, wo sich Eidechsen sonnen etc.

Mit dem „Schatzsucherspiel" – das prinzipiell auf jede Spiellandschaft an jedem beliebigen Wohnort übertragen werden kann – soll die Orientierung in bekannter Umgebung anhand einer Planskizze geübt werden; ein erster Schritt in Richtung Kartenlesen.

Vom „Geburtsort zum Wohnort" könnte man den eigentlichen Einstieg des Tausendfüßlers in diese Unterrichtseinheit betiteln. Ein kleines „Da-bin-ich-geboren-Projekt" am Anfang soll das Interesse der Kinder füreinander, an ihrer Herkunft und an den spannenden Unterschieden ihrer Herkunft wecken und die Toleranz und Wertschätzung anderer Lebensformen fördern.

Der Projektgedanke ist auch grundlegend für die Erkundung des jeweiligen Schul- und Wohnortes. Das Schülerbuch selbst kann darüber keine Fakten vermitteln, deshalb werden Projektideen und Handlungsmöglichkeiten angeboten, mit deren Hilfe solche Fakten selbstständig erarbeitet werden können.

Die Seiten zum Schrägluftbild, Senkrechtluftbild und Plan hingegen wollen konkretes Wissen und Fertigkeiten vermitteln. Hier sind intensive Übungen Voraussetzung für die detaillierte Kartenarbeit der folgenden Seiten.

Den Abschluss der Einheit bildet wiederum ein Projekt „Spurensuche: Unser Ort hat eine Vergangenheit". Auf der einen Seite wird eine Ideenkiste für Projekttage angeboten, die andere Seite zeigt – vermittelt von den Buchkindern – beispielhafte Projektergebnisse, die eigene Ideen provozieren sollen.

**MATERIALIEN**

Ortspläne, Gemarkungskarten, Prospekte, Heimatbücher, Heimatbriefe etc.

Gemeindeverwaltung, Stadtinformation, Verkehrsverein, Pfarramt, Museum, Landratsamt, Zeitung, Heimatverein, Landesvermessungsamt etc.

Ideen: Wandzeitung, Eine Tonbildschau herstellen, Einen Videofilm drehen, Fotoausstellung, Heimatprospekt für Partnerklasse, Eine Diaserie herstellen, Heimatbuch, Ortsrallye, Spiel „Wer kennt sich aus?"

## Da bin ich geboren (S. 4/5)

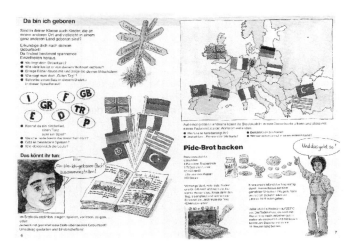

Es ist längst zur Selbstverständlichkeit geworden, dass sich in unseren Klassen Kinder unterschiedlicher Nationalitäten befinden. Internationale Migrationsbewegungen sowie der Zwang zur Mobilität haben dazu geführt, dass die Geburtsorte der Kinder einer Klasse – im Gegensatz zu früher – oft sogar viele tausend Kilometer auseinander liegen. Geburtsort, Wohnort und Heimatort sind in ein Spannungsverhältnis geraten; der Begriff der Heimat lässt sich nicht mehr objektiv definieren. Er ist abhängig vom subjektiven Gefühl der Vertrautheit, der Geborgenheit, des Wohlfühlens und der Liebe. Das Entstehen dieser emotionalen Befindlichkeiten verlangt äußere Umstände, die diese Gefühle zulassen und hervorrufen.
Und es beansprucht Zeit.
Unsere Kinder müssen lernen, dass alle Menschen das Recht auf Heimat haben, auch Vertriebene, Flüchtlinge und Asylsuchende. Sie erfahren die Lebensumstände ihrer Mitschüler, gewinnen Achtung vor einander, erwerben Kenntnisse und Wissen anstelle von Vorurteilen und entwickeln Freundschaften anstelle von Ablehnung.

- Ein „Da-bin-ich-geboren-Buch" herstellen
- Ausländische Eltern einladen, die von Land und Leuten und von ihren Bräuchen berichten
- Eine Europakarte mit Fähnchen aus dem jeweiligen Geburtsort versehen
- Einfache ausländische Speisen selbst zubereiten (Pide-Brot)
- Einen Tanz einstudieren (Sirtaki)

Dein Auto : ein Japaner
Deine Pizza : italienisch
Dein Kakao : aus Afrika
Dein Urlaub : in Spanien
Deine Zahlen : arabisch
Deine Schrift : lateinisch
Und dein Nachbar :
nur ein Ausländer ?

### Ausländer

Mein Papa ist Ausländer.
Und meine Mama ist Ausländerin.
Klaus und ich, wir sind auch Ausländer,
eben jetzt, obwohl wir Deutsche sind.

Denn eben jetzt sind wir in Dänemark.
Ha ha!

Daran hast du nicht gedacht, was?
Dass Deutsche auch Ausländer sind –
im Ausland.

Siv Widerberg

# Schatzsucherspiel (S. 6/7)

Die Doppelseite zeigt eine fiktive Spiellandschaft, in der die Buchkinder Nico, Bastian und Katrin gerade ein „Schatzsucherspiel" durchführen.

Bastian hat im Spielgelände „Schätze" versteckt und ihre Fundstellen in einer Skizze mit Ziffern versehen. Anhand dieser Skizze sollen sich seine Freunde im Gelände orientieren, die „Schätze" suchen und den Anfangsbuchstaben des gefundenen Gegenstandes in die vorgegebenen Felder eintragen um so das Lösungswort herauszufinden. Genauso wie die Buchkinder können sich die Schüler auf den Weg durch das Bild machen und das Spiel durchführen. Das gesuchte Lösungswort heißt „ADLERAUGE".

Ausgangspunkt bei der Entwicklung dieser Seite war die Idee ein Buchspiel zu konzipieren, nach dessen Durchführung die Schüler auf den nahe liegenden Gedanken kommen: „So etwas könnten wir bei uns auch machen." Damit wird eine geeignete Voraussetzung für eine handlungsorientierte Auseinandersetzung mit dem Problem „Orientierung im Raum" geschaffen: Lehrer und Schüler entwickeln selbst ein „Schatzsucherspiel" für ein geeignetes Gelände in ihrer Umgebung (notfalls genügt hierfür auch das Schulgelände); gemeinsam wird eine Skizze erarbeitet, wobei erste Symbole gefunden werden müssen. In Gruppen kann dann mit Hilfe dieser Symbole ein jeweils gruppeneigenes „Schatzsucherspiel" erstellt werden. Als Lösungswort könnte ein Gruppenname dienen, den die anderen Gruppen dann herauszufinden haben. (Achtung: Die zu versteckenden Gegenstände müssen **eindeutig** sein!)

Während im Buchspiel den Schülern in der Gegenüberstellung von Bild und Skizze die Orientierung noch relativ leicht fällt, stellt die Durchführung des Spiels in der Realität erhöhte Anforderungen, da die Ausrichtung der Skizze auf das reale Spielgelände selbstständig und für jede Fundstelle neu geleistet werden muss.

Bei einer Klasse mit vier bis fünf Gruppen ergibt sich so eine hervorragende Möglichkeit für Orientierungsübungen.

---

Achtung: Nummer 3 ist ein »Lasso«!
- Bild des Spielgeländes genau betrachten, Entdeckungen verbalisieren.
- Topografische Begriffe nennen und beschreiben, Symbolisierungen auf der Skizze identifizieren.
- „Schatzsucherspiel" durchführen (evtl. in Partnerarbeit), Lösungswort auf einen Zettel schreiben (nicht ins Buch!).
- Geeignetes Spielgelände in der Umgebung ausfindig machen (evtl. Park oder Schulgelände).
- Gemeinsam Skizze anfertigen, Symbole entwickeln.
- Gruppen stellen eigenes „Schatzsucherspiel" her.

---

## PRAXISTIPP:

1. Jede Gruppe einigt sich auf einen geheim zu haltenden Gruppennamen.
2. Überlegt euch für jeden Buchstaben eures Gruppennamens einen Gegenstand, den ihr verstecken könnt! Der Name des Gegenstandes muss aber eindeutig sein!
3. Kennzeichnet die Gegenstände mit einem roten Faden!
4. Versteckt die Gegenstände im Gelände und notiert die Buchstabennummern auf eurer Skizze an der jeweiligen Fundstelle!
5. Tauscht die Spielpläne aus und führt die „Schatzsuche" durch!

Anmerkung
Die gefundenen Schätze für die nachfolgenden Gruppen wieder an ihr Versteck zurücklegen!

# Eine Schule unter vielen – die Wichernschule (S. 8/9)

Im handlungsorientieren Sachunterricht sollen die Kinder ihr Schulgebäude erforschen und dabei einen Einblick in Lage- und Raumvorstellungen bekommen. Die Arbeit an ihrem Schulmodell ist gleichermaßen eine erste Einführung in das Kartenverständnis. Gleichzeitig werden handwerkliche Fähigkeiten und Fertigkeiten der Kinder geschult. Sie prüfen Pappe oder andere Materialien auf ihre Verwendungsmöglichkeit, sie erfassen den Zweck und die Wirkprinzipien einfacher Geräte, sie finden Lösungen für einfache technische Probleme und sie entwickeln handwerkliches Geschick.

Der Bau des Modells kann darüber hinaus fächerübergreifend im Kunst- und Mathematikunterricht stattfinden. Im Mathematikunterricht kann u.a. ein Maßstab für das Modell errechnet werden. Im Kunstunterricht kann das Modell mit entsprechenden Farben (Plakafarben) bemalt und mit weiteren Dekorationen ausgestaltet und auf einer Holzplatte aufgeklebt werden.

- Den Ablauf genau betrachten und beschreiben, wie die Kinder der Wichernschule vom Bild ihres Schulgebäudes zur Grundrisszeichnung gekommen sind.
- Fotos von der Schule machen oder von der Schulleitung besorgen.
- Aus Pappe ein Modell der Schule herstellen.
- Eine Grundrisszeichnung (Karte) vom eigenen Schulgebäude herstellen.

Die Grundrisszeichnung kann maßstabgetreu weiter verkleinert werden (z.B.: 1:500 oder 1:5 000). Die Kinder suchen ihre Schule auf dem Stadtplan und vergleichen ihre Zeichnung damit. In den Schulakten gibt es sicherlich auch eine Zeichnung des Gebäudes. Sonst können die Kinder vom Vermessungsamt Karten mit verschiedenen Maßstäben bekommen.

Wir dichten unser Schullied (nach der Melodie „Auf der schwäbsche Eisebahne"):

„Wir gehen in die ...... schule"

2. Sachunterricht „Nah und ferne",
das macht Spaß, da lernt man gerne.
In der Mathe-Stunde dann,
fangen wir zu stöhnen an ...

3. Haben wir mal Regenpause,
weil es stürmt und gießt – oh Grause –,
doch das nimmt uns nicht die Freud,
haben dann zum Spielen Zeit ...

4. Jana schreibt so gern Geschichten.
Alex will am liebsten dichten.
Frauke malt ein tolles Bild,
Karin diskutiert wie wild ...

5. Marco will mit Würfeln spielen,
Björn mit Bällen lieber zielen,
doch dann klingelt es aufs neu,
und die Pause ist vorbei ...

# Vom Luftbild zum Ortsplan (S. 10/11)

Sicher wäre es unrealistisch anzunehmen, eine Ballonfahrt über dem eigenen Heimatort könne als Anknüpfungspunkt an die kindliche Erfahrungswelt dienen. Wir meinen allerdings, dass es die kindliche Fantasie und Vorstellungskraft nicht überfordert, sich in die Situation der drei Ballon fahrenden Buchkinder hineinzuversetzen. Das fällt natürlich um so leichter, wenn es uns die Umstände erlauben, die Kinder in eine annähernd ähnliche Situation zu bringen, sei es, dass wir mit den Kindern einen Kirchturm, eine größere Erhebung – oder z.B. einen Fernsehturm – besteigen.

In jedem Fall sind also bei der unterrichtlichen Behandlung die beiden Seiten in einem engen Zusammenhang zu sehen. Eine weitere Möglichkeit, den Kindern die Abstraktionsschritte hin zum Stadtplan und zur Karte begreiflich zu machen, erschließt sich über das Modell:

Die Kinder können sich über ein Modell – wie das auf Seite 12 gezeigte – beugen und wie bei einer Ballonfahrt hinabschauen. Modelle können auch selbst hergestellt werden oder sind u.U. an der Schule vorhanden.

Besonders geeignet sind Modelle, die auf Packpapier aufgebaut werden können; Gebäude werden umfahren, Straßen und Plätze, Flussläufe und Bahnlinien etc. werden eingezeichnet: Ein Plan entsteht, der nach dem Abräumen an der Wand aufgehängt werden kann. Alle Aktivitäten der Klasse im Ort können dann das ganze Jahr über auf diesem eigenen Ortsplan lokalisiert und eingezeichnet werden; ein Plan, der so mit den Aktivitäten der Klasse „mitwächst" und kontinuierlich vervollständigt wird.

- Die Fantasie der Kinder ansprechen: „Stelle dir vor, im Ballonkorb von Nico, Bastian und Katrin ist noch ein Platz frei und **du** darfst mitfahren!" (Geschichten erfinden)
- „Langsam schwebt euer Ballon auf die Stadt zu; jetzt seht ihr die Stadt, wie auf dem Bild von Seite 10".
- „Der Ballon schwebt weiter, bis ihr direkt über der Stadt seid."
- Den Bedeutungsgehalt von „Luftbild", „Plan" und „Zeichnung" bearbeiten: Kannst du auf dem Luftbild Dinge erkennen, die du auf den beiden anderen nicht erkennen kannst? (Bsp.: das Tor in der Stadtmauer, rechts neben dem Schloss, die Fenster der Häuser, die Farben der Fassaden…)
- Kannst du auf dem Luftbild Dinge erkennen, die du auf dem Plan und auf der Zeichnung nicht erkennen kannst? (Bsp.: Autos auf der Hauptverkehrsstraße, Bäume am Fluss, Innenhöfe…)
- Kannst du auf dem Plan Dinge erkennen, die du weder auf dem Luftbild noch auf der Zeichnung erkennen kannst? (Bsp.: Namen von Straßen, Gassen, Taxistände, Telefonhäuschen.)
- Mit den Aufgaben auf Seite 11 könnt ihr eine Gruppenarbeit machen oder einen Kartenlesewettbewerb starten.
- Mit einem Luftbild und einem Plan eures Ortes könnt ihr in Gruppen selbst ähnliche Fragen erarbeiten, die andere Gruppen dann lösen müssen.

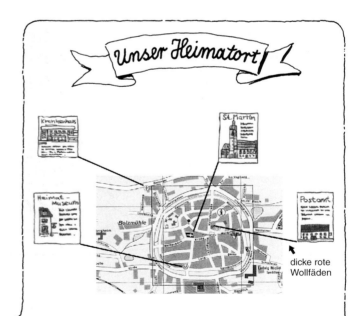

dicke rote Wollfäden

So könnt ihr einen eigenen großen Ortsplan für das Klassenzimmer am einfachsten herstellen:

Einen käuflichen Ortsplan mittels Kopierer auf Folie übertragen.  Mit Tageslichtprojektor auf großflächiges Papier an die Wand projizieren.  Die Kinder fahren die Straßenzüge mit dickem Filzstift nach.

# Vom Luftbild zum Ortsplan (S. 10/11)

Bei dieser Doppelseite geht es um die konkreten Kenntnisse und Fähigkeiten des Kartenlesens auf einer ersten Stufe. Hierbei sollen die Kinder die wichtigsten und einfachsten Kartensymbole kennenlernen und die Informationen einer Karte entnehmen können. Hierfür können die Karte sowie die entsprechenden Aufgaben der Buchseite Verwendung finden. Besser ist es jedoch sich einen Klassensatz der Heimatkarte zu besorgen und die entsprechenden Aufgaben damit zu bearbeiten.

Häufig und in immer wieder neuen Situationen und Umgebungen muss das Einnorden einer Karte mit dem Kompass geübt werden. „Der Tausendfüßler" zeigt auf dieser Seite auch zwei Möglichkeiten, wie dies ganz grob und ohne Kompass geschehen kann. Bei jedem Unterrichtsgang im dritten Schuljahr sollte deshalb die Heimatkarte, der Ortsplan und ein Kompass dabei sein um die Wegstrecke auf dem Plan festzulegen und zu verfolgen und um das Einnorden ständig zu wiederholen.

- Übungen zum Kartenlesen: Wo ist das Schwimmbad? Wie heißt der höchste Berg? Wo führt die Bahn über den Fluss?
  Wie weit ist es von ... bis ...?
- Sich mit Hilfe der Karte orientieren: Müssen wir an einer Waldkreuzung links oder rechts gehen?
  Wie heißt der Berg vor uns?

**Das Werkzeug, das ist wichtig, beim Unterrichtsgang sowieso, drum üb' den Umgang richtig mal hier, mal da, mal so!**

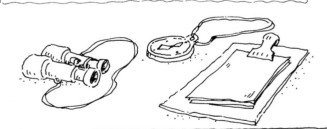

*Fernglas*

Kinder dürfen von zu Hause Ferngläser mitbringen; richtige Einstellung zeigen und üben; Vorsicht beim Umgang mit dem Fernglas!

*Kompass*

Himmelsrichtungen wiederholen, Richtungsbestimmungen im Freien üben! Einnorden von Plänen durchführen!

*Schreibunterlage und Schreibzeug*

Für Unterrichtsgänge besonders wichtig: Schreibbrett mit Papierklammer (evtl. selbst herstellen mit Sperrholzbrettchen 25 x 35 cm und Wäscheklammern); Bleistift, Spitzer und Radiergummi nicht vergessen!

# Da bin ich zu Hause (S. 12/13)

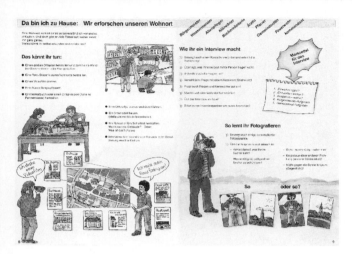

Euren Heimatort kennen wir nicht; deshalb kann der Tausendfüßler darüber nichts berichten.

Er kann aber Projekte anregen, die geeignet sind sich ein profundes Wissen über den Heimatort zu erarbeiten. Die linke Buchseite enthält dafür eine Vielzahl von Vorschlägen, einfache und auch recht anspruchsvolle.

Die rechte Seite greift zwei Methoden auf, die für den Projektunterricht von zentraler Bedeutung sind und die rechtzeitig und intensiv geübt werden sollten; weil sie immer wieder gebraucht werden: Das Interview und das Fotografieren.

Für beides gilt: Macht einige Trockenübungen, bevor ihr in die Realität geht.

- eine Partnerklasse suchen
- Briefe austauschen
- gemeinsame Ausflüge verabreden
- für die Partnerklasse ein „HEIMATBUCH" herstellen

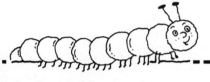

Sicher stellt die Informationsbeschaffung mittels Interview und die Verarbeitung so gewonnener Informationen eine sehr anspruchsvolle Arbeitsform dar, die jedoch im 3. Schuljahr – bei entsprechender Vorbereitung und Einübung – unbedingt eingesetzt werden sollte, da sie die Kinder begeistert und ihre Handlungsmöglichkeiten beträchtlich erweitert. Hier unsere Vorschläge, wie Sie im Rahmen eines Unterrichtsganges zum Rathaus ein Interview mit dem Bürgermeister vorbereiten und durchführen können:

### Was tun in der Vorbereitung?

*Im Klassenzimmer*

- Was wollen wir vom Bürgermeister wissen? (Fragegebiete festlegen)
- Gruppen bilden: Welche Gruppe übernimmt welches Fragegebiet?
- Präzise Fragen formulieren und schriftlich festhalten.
- Gruppen verteilen intern Aufgaben: „Reporter", „Techniker", „Fotograf" ...
- Im Rollenspiel Situation mehrfach durchspielen (Schüler übernimmt Lehrerrolle, Lehrer die Rolle des Bürgermeisters ...).
- Umgang mit Kassettenrekorder und Fotoapparat üben.

*Am Telefon*

- Rechtzeitig Termin mit Bürgermeister vereinbaren.
- Um Vortermin bitten.

*Im Rathaus*

- Fragenkatalog vorbeibringen und um kindgemäße, von Fachausdrücken und Fremdwörtern freie Sprache bitten.
- Auch um *knappe* Antworten – wegen der Schwierigkeit der Transskription – bitten.
- Ablauf durchsprechen.
- Um Bereithaltung von Prospekt- und Informationsmaterial bitten.
- Erläuterungen geben, *was* damit geschehen (Wandzeitung, Ausstellung, Prospekt ...) und wie der Besuch in der Schule aufgearbeitet werden soll.

*Organisatorisches*

- Rektor informieren.
- Mitbetroffene Kollegen informieren und evtl. um Begleitung bitten.
- Schülertransport organisieren.
- Mit Schülern den Gesamtablauf besprechen (Weg/Transport, Gefährdungen, Verhalten im Rathaus).
- Kleines „Dankeschön-Präsent" (Zeichnung, Bild, selbst gemachtes Poster der Klasse ...) herstellen, bereithalten.

### Was tun in der Nachbereitung?

- Mittels „Walkman" Interviewtexte anfertigen – am besten mit Schreibmaschine/Computer.
- Fotos, Prospektmaterial, Interviewtexte etc. zu dem vereinbarten Handlungsprodukt zusammenstellen.
- Besprechen, würdigen, kritisieren, verbessern, fertigstellen.
- Ausstellen, veröffentlichen, verschicken (z.B. an Partnerklasse), verschenken, verkaufen ...

# Spurensuche (S. 14/15)

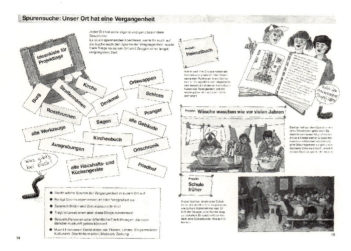

dem ihnen – häufig zum ersten Mal in ihrem Leben – richtig bewusst wird, dass die Dinge, die uns umgeben, nicht schon immer so sind, wie sie uns jetzt erscheinen, sondern vor unterschiedlich langen Zeiten entstanden bzw. von Menschen geschaffen wurden. Viele solcher Dinge lassen bei näherer Betrachtung erkennen, wie die Menschen früher in unserem Ort lebten:

Mögliche Kleinprojekte:
- Herstellen eines Heimatbuches
- Entwerfen einer Ortsrallye
- Einüben eines Spiels: Schule früher
- Hausarbeit und Handwerk früher: Wir waschen Wäsche/Wir backen Brot.
- Wir machen eine Ausstellung über alte Küchengeräte.
- Wir sammeln alte Straßennamen und erklären ihre Bedeutung.
- Wir tragen alte Feld- und Gartengeräte zusammen und erklären ihre Verwendung.
- Wir sammeln Sagen und Märchen unserer Heimat und erstellen ein Buch.
- Einen alten Ortsplan besorgen und ihn mit dem heutigen vergleichen.
- Die Bedeutung des Wappens des Heimatortes erkunden. (evtl. auch die der Nachbargemeinden)

- wie sie für ihren Lebensunterhalt sorgten;
- welche Tätigkeiten und Berufe sie ausübten;
- was für Kleider sie trugen und wie sie diese herstellten;
- wie sie wohnten;
- was sie aßen und tranken etc.

Für die Kinder erschließt sich die Vergangenheit über solche Einzelbilder, die an sichtbaren, begreifbaren Gegenständen festgemacht sind: einem Spinnrad, einer Petroleumlampe, einem alten Grenzstein, einer Brunnenfigur oder Ähnlichem; dabei erzählt der Lehrer, vielleicht auch ein alter Mann oder eine alte Frau, „von früher". Gegenstand und Erzählung lassen in der Vorstellung der Kinder dann jene historischen „Bilder" entstehen.
Unter Umständen wird dabei erwähnt, vor wie vielen Jahren sich das Erzählte ereignete und wir werden versuchen diesen Zeitraum zu erklären und zu veranschaulichen. Dabei muss uns allerdings bewusst bleiben, dass Kinder dieses Alters keine Vorstellung von historischen Zeiträumen und Zusammenhängen besitzen. Im kindlichen Verständnis wird mit der Angabe einer Jahreszahl allenfalls der Eindruck vermittelt, dass ein bestimmtes Ereignis schon sehr, sehr lange her ist.
Grundsätzlich kommt es bei der unterrichtlichen Aufarbeitung jener Zeugnisse der Vergangenheit darauf an, dass sie möglichst selbstständig von den Schülern entdeckt, enträtselt und auf geeignete Weise festgehalten werden. Das bedeutet, dass hierbei wiederum Verfahrensaspekte, Arbeits- und Dokumentationsformen von großer Wichtigkeit sind. Wir haben deshalb in einer Ecke das Handwerkszeug für die „Spurensicherung" aufgeführt.

## Spurensuche

„Jeder Ort hat seine eigene und ganz besondere Geschichte."
Deshalb stellt „der Tausendfüßler" auch bei dieser Thematik das Projektlernen in den Mittelpunkt.
Projektideen und -tätigkeiten werden beispielhaft vorgestellt. Dabei können die Projektthemen entweder übernommen werden oder sie dienen der Anregung, eigene oder ortstypische Themenstellungen zu finden.

Den Spuren der Vergangenheit im eigenen Heimatort nachzugehen, ist für Drittklässler ein faszinierendes Erlebnis, bei

# Heimatmuseum

Hervorragende Möglichkeiten und faszinierende Eindrücke auf der Suche nach Spuren der Vergangenheit halten die vielerorts eingerichteten Heimatmuseen bereit.
Deshalb sollte im Rahmen dieser Unterrichtseinheit auf jeden Fall ein Besuch im Museum – falls vorhanden – eingeplant werden.

> Doch Vorsicht: Oft sieht das so aus, dass die Klasse mit ihrem Lehrer („wenn man schon mal da ist") einen Gang durch das ganze Museum unternimmt, begleitet von einem pädagogisch häufig unbedarften Museumsführer, der mit langatmigen und unverständlichen Monologen die Kinder sehr schnell frustriert. Sie werden unaufmerksam und undiszipliniert und sind dann nicht mehr zu „halten"!

Dagegen ist es für sie interessant und spannend, beispielsweise zu erfahren,

- wie die Menschen früher Mehl hergestellt haben, wenn sie selbst mit Hilfe einer alten Handmühle Getreide zu Mehl mahlen dürfen;
- wie die Römer zu ihrer Zeit lebten, wenn sie in eine „Toga" schlüpfen, römische Speisen selbst zubereiten und kosten dürfen;
- wie die Flößer ihren Lebensunterhalt verdienten, wenn sie dazu angeleitet werden, ein Floß originalgetreu nachzubauen etc.

Eine andere Möglichkeit bietet eine vom Lehrer oder einem Museumspädagogen ausgearbeitete „Museumsrallye" (ein Suchspiel im Museum), deren Fragen die Kinder durch genaues Studium der Exponate beantworten können.

In jedem Fall also Handlungsmöglichkeiten der Schüler im Museum einplanen und eine enge thematische Begrenzung vornehmen!

Lieber zu verschiedenen Bereichen und Themenstellungen mehrere Museumsbesuche durchführen, als den Kindern durch einen frustrierenden Rundumschlag alle künftigen Museumsbesuche zu vermiesen!

## Museumsrallye

① Wie heißt die römische Säule, auf der die Entfernung zum nächsten Ort angegeben ist?

② Findet den lateinischen Namen für den römischen Gutshof heraus.

③ Fertigt eine genaue Zeichnung von einem der ausgestellten Schmuckstücke an!

④ Geht in die Kleiderkammer und kleidet euch wie die Römer! Der Museumsführer hilft euch dabei; er macht auch ein Sofortbild von eurer Gruppe!

⑤ Schreibt den Namen des Kleidungsstücks, das ihr getragen habt, auf die Lösungskarte!

### Durchführungshinweise

- Vorhaben mit Museumsverantwortlichem absprechen.
- „Rallye-Idee" mit Museumsführern erörtern; ihre mögliche Funktion besprechen: Hilfe zur Selbsthilfe leisten; nur soviel Hilfe geben, dass die Kinder dann selbstständig weiterkommen.
- Klasse in Gruppen einteilen (Geeignet sind 4er-Gruppen).
- Für die Gruppen unterschiedliche Startpunkte angeben (Sonst drängelt die ganze Klasse vor demselben Ausstellungsstück!)!
- Für jede Gruppe einen „Fahrplan" aufstellen; evtl. unterschiedliche Schwerpunkte bearbeiten lassen.
- Evtl. Einzelergebnisse in ein Lösungswort, Gruppenergebnisse in einen Lösungssatz münden lassen.

* Mit dieser Sage – besser noch mit einer Sage aus dem eigenen Heimatort – lässt sich auch ein  TEXT-QUIZ herstellen.

**Das geht so:**

Die in Gruppen eingeteilte Klasse liest zunächst den Text genau durch.
Dann wird eine bestimmte Anzahl von Quiz-Fragen festgelegt (für den vorliegenden Text: 4).
Jede Gruppe formuliert nun anhand des Textes vier möglichst knifflige Fragen, die die Kinder einzeln auf Fragekarten schreiben.
Dann muss der Text verschwinden, und die Gruppen tauschen die Fragekarten aus.
Für jeden Kartensatz fertigt jede Gruppe ein Antwortblatt an. Gewonnen hat die Gruppe mit den meisten richtigen Antworten. Vielleicht macht ihr eine Preisverleihung für die knuffligste Frage?

**Die wilde Jutta von Hagenbeck**

Früher lebte einmal ein tapferer Mann. Er hieß „von Hagenbeck". Nun hatte dieser Mann zwei Töchter. Sie hießen Woltera und Jutta.

Jutta war leider immer schon wild. Die Burg, auf der die von Hagenbecks lebten, wurde in Holsterhausen erbaut. Hier, in dieser Gegend, gab es einen schmalen Weg von Wesel nach Münster. Es gab aber auch gerade dort viele, viele Räuber, die die Postkutschen überfielen.

Einmal gab es eine große Hungersnot. Die Ernte verdarb und es gab fast nichts zu essen. Jutta dachte nach. „Wenn ich meine Familie vor dem Tod retten will, dann muss ich mich mit den Räubern verbünden." Sie ging in die Wälder und suchte nach ihnen. Bald fand sie die Räuber. „Ich kann gut reiten. Es wird leicht sein, die Kutschen zu überfallen," erzählte sie. Den Räubern gefiel ihr Vorschlag. Jetzt überfiel Jutta die Postkutschen gemeinsam mit den Räubern. Die Leute fürchteten sich, wenn sie mit einer Pistole bedroht wurden. Schmuck, Nahrung, Kleider und Edelsteine sammelte sich so an. Jutta teilte alles mit den Räubern.

Woltera, die gerade Wennemar von Heiden heiratete, ahnte schon, dass Jutta was im Schilde führte und erzählte ihrem Mann davon. Wennemar von Heiden brachte Jutta wieder gute Manieren bei. Er baute sogar für die Menschen in Holsterhausen eine Kirche.

(Jana Backherms, 9 Jahre alt)

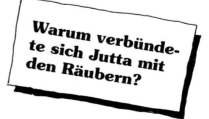

**Die tapferen Frauen aus Dorsten**

Als Dorsten die Stadtrechte bekam, bauten die Bürger zum Schutz vor Feinden eine Stadtmauer.

Einmal wurde Dorsten von Franken angegriffen. Der protestantische Glaube sollte gewaltsam in Dorsten eingeführt werden. Als die Franken anrückten, waren die Dorstener Männer gerade nicht da. Schnell schlossen die Frauen die Stadttore. Zwei Tage konnten sie den Kampf aufhalten. Doch am dritten Tag wurde es kniffelig. Die Feinde schwammen durch den Burggraben und wollten an der Stadtmauer hochklettern. Die Frau des Bäckers lief schnell zur Frau des Schmieds und schrie ganz laut: „Wir schaffen es nicht. Die Feinde kommen schon an der Mauer hoch!" Da rief die Frau vom Schuster: „Macht Öl und Wasser heiß. Wir gießen es ihnen über die Köpfe." Schnell hatten die Frauen alles, was sie fanden, heiß gemacht. Auf Karren schoben sie es zur Mauer. Sie öffneten die Fässer und schütteten Öl, Wasser und Pech über die Mauer. Auch einige Bienenkörbe voller Bienen fielen über die Angreifer. „Hört mal, wie sie schreien!", rief die Bäckersfrau. „Ich glaube, sie verschwinden!", rief die Krämerfrau und so war es auch.

Durch ihren tapferen Einsatz konnten die Frauen die Angreifer in die Flucht schlagen. Als die Männer nach Hause kamen, waren sie stolz auf ihre mutigen Frauen.

Der Dorstener Pastor Satorius hat in einem Buch von den tapferen Frauen von Dorsten erzählt.

(Christina Sell, 10 Jahre alt)

Warum wurde die Stadt von Feinden angegriffen?

Wie wurden die Feinde in die Flucht geschlagen?

...

Auf diesem Zwei-Mark-Schein des Dorstener „Jubiläumsgeldes" ist die Heldentat der Dorstener Frauen vom 28. Februar 1588 verewigt worden.

# Zusammen leben und lernen in der Schule (S. 16)

## ...INTENTIONEN...

**Zusammenleben und lernen in der Schule**
Kinder können ihre vielfältigen Beziehungen zu Menschen unterschiedlichen Alters und verschiedener Herkunft als wohltuend, bereichernd, herausfordernd oder belastend erleben. Der Unterricht stärkt die Fähigkeit, Beziehungen einzugehen, sie zu erhalten und in Achtung vor dem Gegenüber zu gestalten. Ferner sollen mit den Kindern Wege gesucht werden, wie Konflikte angenommen und gelöst werden können.

| | |
|---|---|
| Kinder erschließen sich Handlungs- und Spielräume außerhalb von Familien und Schule | Möglichkeiten der Freizeitgestaltung |
| | Zusammenleben in Vereinen, Spiel- und Jugendgruppen, Musik-, Kunst- und Sportschulen |
| | Verbindlichkeiten und Reichweite von Regeln |
| | Formen der Konfliktlösung (Gesprächsregeln, Kompromissbereitschaft) |
| Begegnung und Zusammenleben mit Menschen mit Behinderungen | Begegnungen mit Sonderschulklassen |
| | Partnerschaften |
| | Zusammenleben und Zusammenarbeit in der Schule |
| In unserem Ort leben Menschen aus anderen Ländern | Freundschaften, Kontakte gemeinsame Interessen, Konflikte |
| | Bereicherung des Alltagslebens: Warenangebote, Gastronomie, kulturelle Veranstaltungen |
| | Unterschiedliche Lebensformen: Kleidung, Ernährung Feste, Sitten, Religion |
| | Feiern gemeinsamer Feste Meine Welt, deine Welt – eine Welt für alle |
| | Texte und Kinderbücher, die uns andere Menschen näherbringen |

### INHALT

| | | Seite |
|---|---|---|
| Zusammen leben und lernen in der Schule | Die 3a ist Klasse! | 16 |
| | Klassenkonferenz – Klassenregeln | 17 |
| | Wir feiern ein Fest | 18 |

### Zeitliche Einordnung
Folgende Möglichkeiten bieten sich an:
1. Behandlung am Anfang des Schuljahres, wenn ein Lehrerwechsel stattfindet und „Regeln und Ordnungen" neu abgesprochen werden müssen.
2. Behandlung dann, wenn aktuelle Anlässe in der Klasse bestehen.
3. Behandlung dieses Themas nach den Herbstferien.

Siehe dazu auch die fächerübergreifenden Themen:

„Freundschaft"
„Spurensuche: Unser Ort hat eine Vergangenheit"

### Vorüberlegungen zur Unterrichtseinheit

„Soziales Lernen geschieht in den ersten Grundschuljahren weniger durch verbale Instruktion der Kinder im Unterricht als vielmehr durch die sozialen Erfahrungen, welche die Kinder miteinander und mit ihrem Lehrer im Schulleben machen. Solche Erfahrungen sind nicht an ein Fach, eine bestimmte Unterrichtseinheit im Stundenplan gebunden, sondern sie durchziehen den gesamten schulischen Alltag: das Ankommen in der Schule, das Warten auf den Unterrichtsbeginn, die Pausenspiele, die Regeln des Miteinander-Gehens. Auf die Vielfalt schulischer Situationen muss sich daher die Aufmerksamkeit des Lehrers richten, wenn er Ansatzpunkte für soziale Lernprozesse sucht, die im Unterricht kognitiv und verbal aufgearbeitet werden können.
Kinder dieser Altersstufe sind nach Piagets Entwicklungslehre im konkret-operationalen Stadium der kognitiven Entwicklung, d.h. sie müssen anschaulich-handelnd lernen. Sie müssen begreifen, fühlen, hören, schmecken, riechen, anfassen, am eigenen Leibe erfahren können, was sie lernen sollen."

Diese Aussagen von Elke Callies[1] in einer ihrer letzten Arbeiten vor ihrem frühen Tod 1980 geben die Grundrichtung an, der wir bei diesem Thema folgen müssen. Was die an der Laborschule in Bielefeld und an Hochschulen in Berlin tätige Lehrerin im Blick auf den Eingangsbereich der Grundschule damals gefordert hat, ist nach wie vor aktuell.
Soziales Lernen kann und darf nicht anhand weniger Buchseiten irgendwann in der 3. Klasse „abgehandelt" werden.
Soziales Lernen darf sich auch nicht in Hinweisen auf Pünktlichkeit, Ordnung und Sauberkeit erschöpfen.

---
[1] Elke Callies: Soziales Lernen im Eingangsbereich. In: Handbuch der Grundschulpraxis und Grundschuldidaktik. Hrsg. von H. Bartnitzky und R. Christiani. Stuttgart 1981

# Zusammen leben und lernen in der Schule (S. 16)

**Heimatverbundenheit und Weltoffenheit**

„Der heimatliche Raum ist Teil der Lebenswelt der Kinder. In der unmittelbaren Umgebung spiegeln sich lokale, aber auch übergreifende Bedingungen und Beziehungen, denen die Kinder durch die Vermittlung der Medien oder in eigenen unmittelbaren Erfahrungen begegnen. Für viele ausländische Kinder wird das Erleben der unmittelbaren Umgebung ergänzt durch die Bezüge zum Herkunftsland. Sie erfahren die Verbundenheit zur Heimat oft in mehrdeutiger Weise. Diese Situation gilt es im Unterricht zu beachten. Heimatverbundenheit und Weltoffenheit gehören eng zusammen und kennzeichnen gleichermaßen den Unterricht. Durch das Erleben, Erfahren und Verstehen des heimatlichen Raumes, dem insbesondere der Sachunterricht verpflichtet ist, erwerben die Kinder grundlegende Einsichten. Die aktive Auseinandersetzung mit den lokalen Gegebenheiten kann die Kinder ansprechen und grundlegende Beziehungen aufbauen. Sie trägt dazu bei, dass Kinder sich mit ihrem Lebensraum identifizieren und letztlich dort Heimat gewinnen.

In Schule, Freizeit und Familie begegnen die Kinder unterschiedlichen Orientierungen und Lebensformen. Der respekt- und verständnisvolle Umgang mit sozialen, ethnischen, kulturellen und religiösen Unterschieden, wie er von Erwachsenen erwartet wird, muss im Kindesalter grundgelegt werden. Die Kinder sollen lernen sich für andere Orientierungen und Lebensformen zu öffnen und sie als Bereicherung anzunehmen. Der Schule kommt dabei die Aufgabe zu Unterschiede verständlich zu machen und die Kinder zu einem partnerschaftlichen Umgang anzuleiten.

Durch das Kennenlernen der Lebensgewohnheiten und kulturellen Gegebenheiten der Länder, aus denen ausländische Mädchen und Jungen stammen, werden auch erste Kenntnisse über europäische und andere Herkunftsländer angebahnt. Das ist ein wichtiger Schritt zur Integration der Kinder.

Jede Grundschule hat die besonderen Gegebenheiten in ihrem Einzugsbereich aufzunehmen und sich zum örtlichen Gemeinwesen hin zu öffnen. Das kann sich zum Beispiel auf Sprachformen, aber auch auf geografische, soziale und kulturelle Erscheinungen beziehen. Daher ist es notwendig, dass die Schule örtliche Stoffverteilungspläne erstellt und die besonderen Gegebenheiten der Gemeinde und Region in allen Fächern und fächerverbindend berücksichtigen."

Was nun für die Behandlung des Themas wichtig ist, sei in fünf Thesen zusammengefasst:

1. Soziales Lernen muss als Lernprinzip der Grundschule **fächerübergreifend und langfristig** in allen vier Grundschuljahren angegangen werden. Neben den vorgegebenen Themen muss Zeit bleiben für die besonderen situativen Anlässe in der Klasse. Die schon lange geforderte Verfügungsstunde für den Klassenlehrer käme diesem Anliegen sehr entgegen.
2. Soziales Lernen lässt sich nicht durch das Aufstellen von Regeln und Ordnungen erreichen. Soziales Lernen muss erlebt und gelebt werden. Darum muss **Schule** als Lebensraum so gestaltet werden, dass sie **als Ort sozialer Erfahrungen** lebensnah und ganz real soziales Lernen und Handeln möglich macht.
3. Soziales Lernen wird entscheidend beeinflusst von der **Person des Lehrers und der Lehrerin**, die durch ihre Einstellungen und Erwartungen als Vorbild und Partner auf die Kinder einwirken. Wie die an der Schule Lehrenden und Lernenden miteinander umgehen, insbesondere auch in Konfliktsituationen, ist ein Maßstab für den Geist und die innere soziale Verfassung einer Schule.
4. Soziales Lernen auf die Vermittlung sogenannter Sekundärtugenden zu reduzieren wäre eine verhängnisvolle Verkürzung des Erziehungs- und Bildungsauftrags der Grundschule, der mehr beinhaltet, nämlich die Vorbereitung auf die **„Wahrnehmung von Verantwortung, Rechten und Pflichten"** in Staat und Gesellschaft sowie in der ihn umgebenden Gemeinschaft" (§ 1 Schulgesetz).
5. Soziales Lernen muss den Kindern ermöglichen **eigene Erfahrungen** aufzugreifen und bewusst zu machen, um so **Einsichten** in und **Verständnis** für soziales Verhalten anzubahnen. Morgenkreis, Klassenrat, Gesprächsrunden, Rollenspiele, Vorhaben und Projekte mit soziales Zielsetzung u.a. sind wichtige Schritte auf diesem Weg.

**Mögliches Vorgehen**

„Der Tausendfüßler" sieht für den Einstieg in dieses Thema die Zeit nach einer allgemeinen Einführung und dem Einstieg in das Zentralthema „Heimatort" sowie ggf. jahreszeitlich gebundenen Themen vor.
Wer die Klasse 3 zu Schuljahresbeginn neu übernommen hat, kann natürlich auch gleich mit diesem Thema beginnen, um von Anfang an die Weichen richtig zu stellen. Günstig ist auch, dann in dieses Thema einzusteigen, wenn es dafür besondere Anlässe in der Klasse gibt und das brauchen ja nicht nur negative zu sein ...

# Die 3a ist KLASSE! (S. 16)

Diese Seite bietet viele Möglichkeiten um in das Thema „Heimat und Fremde" einzusteigen.
Wichtig wäre, dass möglichst viele Situationen geschaffen werden, in denen ausländische Kinder über sich und ihre Familien, ihre Feste und Lebensgewohnheiten sprechen. Dabei könnten Rezepte, Gebäck o.Ä. mitgebracht werden, evtl. auch Fotos aus der „alten" Heimat. Je mehr wir voneinander erfahren, um so besser können Verständnis, Toleranz und Solidarität wachsen.

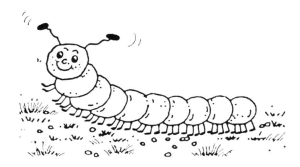

- Seite 16 betrachten: Zahl der Schüler? Jungen, Mädchen? deutsche, ausländische Kinder?
- Vergleichen mit der eigenen Klasse
- Erstellen eines eigenen Klassenbildes Collage o.Ä.
- Anfertigen von Steckbriefen (Arbeitsblatt)
- Musik: „Du bist du"

Hartmut von Hentig hat in der „Neuen Sammlung" (Vierteljahres-Zeitschrift für Erziehung und Gesellschaft, Heft 4/1987) Gedanken über eine Verheißung des Propheten Jesaja geäußert. Teil IV seines Textes lautet:

*Zehn Gebote für den Umgang mit Kindern:*

1. Du sollst Kinder achten wie dich selbst.
2. Du sollst einem Kind nicht vorenthalten, was dir wichtig ist: nützliche Arbeit, Verantwortung, Verfügung über ein Eigentum, über die Einteilung der Zeit, über die Wahl der Freunde.
3. Du sollst ein Kind nichts lehren, woran dir selber nicht liegt; du sollst es nicht langweilen.
4. Du sollst nichts für ein Kind tun ohne es zu fragen; auch wenn es weder deine Fürsorge noch deine Frage versteht – es ist gut, wenn du diese Gewohnheit hast.
5. Du sollst nicht wegsehen, es soll dir nicht gleichgültig sein, wenn ein Kind etwas Falsches tut, Unwahrheiten, Torheiten, Grausamkeiten begeht.
6. Du sollst eines Kindes Liebe und Vertrauen nicht zurückweisen – so wenig wie seine Trauer, seine Angst, seine Neugier, seine Fantasie.
7. Du sollst ein Kind nichts anders „machen" wollen als es ist – aber du sollst ihm helfen, anders zu werden, wenn es das will. Du sollst vor allem nicht machen, dass es will.
8. Du sollst, wie du einen Zehnten für die Kirche gibst, in dieser Welt einen zweiten Zehnten für die Kinder geben – die fernen wie die nahen, die dies brauchen.
9. Du sollst an der Welt arbeiten, so dass du sie ohne Scham den Kindern übergeben kannst.
10. Du sollst nicht Kinder haben, wenn du dir nicht vorzustellen vermagst, dass sie ein würdiges Leben in ihrer Zeit führen können.

**AB 3**

- Den Steckbrief kurz besprechen.
- Jeder Schüler füllt seinen eigenen Steckbrief aus, gestaltet das Blatt.
- Die fertigen Blätter werden in der Klasse ausgehändigt.
- Evtl. lässt sich auch ein kleines Ratespiel damit verknüpfen: Wer bin ich?

# Klassenkonferenz – Klassenregeln (S. 17)

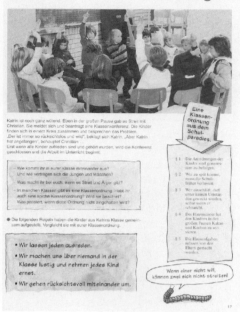

- Konfliktsituationen aus der Klasse sammeln.
- Konfliktsituationen aus dem Alltag der Klasse durchspielen.
- Brauchen wir überhaupt eine Klassenordnung?
- Was gehört zu einer Klassenordnung?
- Was geschieht mit dem, der sich nicht an sie hält?
- Vergleichen verschiedener Klassenordnungen (Partnerklasse?).
- Regeln aus anderen Bereichen heranziehen.

## Konflikte

Schule ohne Konflikte – das ist eine utopische Vorstellung. Leben in der Schule heißt immer auch mit Konflikten leben. Wie aber in der Schule mit Konflikten umgegangen wird, ist von entscheidender Bedeutung für das Selbstverständnis der Institution Schule.

Darum sollte man den Umgang mit Konflikten zum Thema machen. Statt (vor-)schnellen Krisenmanagements sind Umgangsformen gefordert, die beide Seiten in einem Konflikt zu Wort kommen lassen und jedem gerecht werden. Geduld, Offenheit und Unvoreingenommenheit wären Lehrertugenden, die helfen könnten, statt kurzschlüssiger Strafaktionen verständnisvolle Reaktionsweisen zu entwickeln, auch wenn diese Art der Konfliktbewältigung anstrengender und zeitintensiver ist als die vielleicht üblich praktizierte „Krisenintervention".

Dieser Umgang mit Konflikten muss natürlich täglich eingeübt werden und nicht nur dann, wenn dieses Thema gerade dran ist. Davon abgesehen, bietet sich die Möglichkeit, modellhaft konfliktträchtige Alltagssituationen in der Klasse im Rollenspiel durchzuspielen.

Rücksicht nehmen – das genügte im Grund als einzige Regel für eine Klassenordnung. Denn Klassen, deren Handeln von gegenseitiger Rücksichtnahme geprägt ist, können getrost auf eine schriftlich verfasste Klassenordnung verzichten.

Ob in Klassen, in denen das Zusammenleben noch nicht so rücksichtsvoll „funktioniert", eine Klassenordnung weiterhelfen kann, muss jeder für seine eigene Situation selbst entscheiden. Doch sollten Sie den Mut haben, lieber zu wenig als zu viel schriftlich zu regeln. Welche Sanktionen „Grenzüberschreitungen" zur Folge haben, muss in diesem Zusammenhang besprochen werden. Jetzt auch noch einen „Strafkatalog" aufzustellen, wäre gewiss der falsche Weg. Sinnvoller ist es, den Unterricht mehr auf positiv verstärkende Maßnahmen und gemeinschaftsfördernde Aktionen auszurichten. Die Klassenordnung aus dem Schülerparadies will ein humorvoller Beitrag zu einem Thema sein, das oft viel zu verbissen angegangen wird. Denn: Wie viele Klassenordnungen sind schon aufgestellt und nie so recht eingehalten worden! Übrigens lässt sich diese „paradiesische Schülerordnung" gut zu einem Spiel für Klassen- und Schulfeiern ausgestalten. Diese und noch mehr selbst erfundene Paragrafen werden von entsprechend verkleideten Schülern mit verteilten Rollen vorgetragen. Ein Spiel, das den Kindern und den Zuschauern viel Spaß macht.

# Klassenkonferenz – Klassenregeln (S. 17)

## Das Gedicht zum Thema

### Der Sperling und die Schulhofkinder

Ein Sperling, der von ungefähr
zu einem Schulhof kam,
erstaunte über das, was er
auf diesem Hof vernahm.

Ein Mädchen sprach zu Meiers Franz:
„Du alter Esel du!"
Da sprach der Franz: „Du dumme Gans
bist eine blöde Kuh!"

Der Walter sprach zum dicken Klaus:
„Mach Platz, du fetter Ochs!"
Da rief der Klaus: „Du fade Laus,
pass auf, dass ich nicht box!"

Zum Peter sprach Beate nun:
„Du Affe, geh hier weg!"
Da rief der Peter: „Dummes Huhn,
ich weiche nicht vom Fleck!"

Der Sperling meint, er hör nicht recht.
Es tönte allenthalb:
„Du Schaf! Du Floh! Du blöder Hecht!
Du Hund! Du Schwein! Du Kalb!"

Der kleine Sperling staunte sehr.
Er sprach: „Es schien mir so,
als ob ich auf dem Schulhof wär;
doch bin ich wohl im Zoo!"

*James Krüss*

Aus: James Krüss: James Tierleben. München: Betz 1965, S. 154.

## Für Sie gelesen

### Demokratisch leben

*Lernen bedarf einer Form und einer Atmosphäre der schulischen Gemeinschaft, in der Offenheit und gegenseitige Anerkennung selbstverständlich sind: Lernen braucht ein demokratisches „Innenleben" in demokratischen Strukturen. Demokratisch leben ist eine schwierige Form des Zusammenlebens vor allem für Kinder, die diese Kompetenzen erst erwerben, aber auch für Erwachsene, die sich immer wieder zu demokratischen Formen durchringen und sie vorleben müssen. Für Pädagoginnen und Pädagogen bedeutet dies ihre Rolle bewusst wahrzunehmen, indem sie stärker als bisher ihre gesamtgesellschaftliche Verantwortung nutzen.*

Aus: Zukunft für Kinder – Grundschule 2000. Frankfurt a.M.: Arbeitskreis Grundschule 1996

# Wir feiern ein Fest (S. 18/19)

Diese Doppelseite ist eine Weiterführung der Seiten 4 und 5 und bietet Materialien für ein fächerverbindendes Vorhaben an. Ein solches gemeinsames Fest ist sicher ein guter Beitrag zu einem besseren Miteinander. Wenn alle Beteiligten sich gemeinsam engagieren, dürfte sich der Aufwand in leistbaren Grenzen halten. Trotzdem ist klar, dass nicht jedes Thema zu einem größeren Vorhaben oder Projekt ausgestaltet werden kann. Hier gilt es eigene Schwerpunkte zu setzen.

### Das Lied vom Anderswerden und vom Bleiben

Text: Joachim Schmahl/Jürgen Tamchina
Melodie: Jürgen Tamchina

- Menschen aus anderen Ländern: Fotos sammeln, Lieder hören, Sprachbeispiele auf Kassetten hören, einen Tanz lernen, Schriftproben aus versch. Ländern anschauen.
- Kinderspiele aus aller Welt anschauen und spielen.
- Vorbereitung eines Klassenfestes.
- Ausstellung zum Thema in der Klasse aufbauen (Schulfest, Elternnachmittag o.Ä.)
- Evtl. Weihnachtsbräuche aus anderen Ländern sammeln und als Theaterstück vorspielen.

| | |
|---|---|
| *gesprochen:* | Ob du schlank bist, kurz oder lang bist, dick oder dünn feige oder du hast Mut: |
| *gesungen:* | Du bist du und das find ich gut! |
| *gesprochen:* | Ob du rund bist, weiß oder bunt bist, grob oder fein, Junge, Mädchen, Frau und Mann: |
| *gesungen:* | Wir sind wir und darauf kommt's an! Ich bin ich und du bist du und das kann auch so bleiben. Denn ganz genau so wie wir sind, mögen wir uns leiden. |

Aus: Dorothee Kreusch-Jacob (Hrsg.): Das Liedmobil. 77 Spiel-, Spaß-, Wach- und Traumlieder. München: Ellermann, 4. Aufl. 1990

## Du und ich

Du bist anders als ich,
ich bin anders als du,
Gehen wir auf-
einander zu,
erzählen uns dann,
was du gut kannst,
was ich nicht kann,
was ich so treibe,
was du so machst,
worüber du weinst,
worüber du lachst,
ob du Angst spürst bei Nacht,
welche Sorgen ich trag,
welche Wünsche du hast,
welche Farben ich mag,
was traurig mich stimmt,
was Freude mir bringt,
wie wer was bei euch kocht,
wer was wie bei uns singt ...
Und plötzlich erkennen wir
– waren wir blind? –
dass wir innen uns
äußerst ähnlich sind.

*Karlhans Frank*

Aus: Silvia Bartholl (Hrsg.): Texte dagegen. Autorinnen und Autoren schreiben gegen Rassismus und Fremdenhass. (Reihe „Gulliver für Kinder" Nr. 716) Weinheim: Beltz 1993

Frederik V. Grunfeld/Eugen Oker: Spiele der Welt. Geschichte, Spielen, Selbermachen. 2 Bände. Frankfurt a.M.: Fischer Taschenbuch Verlag 1984

# Wir feiern ein Fest (S. 18/19)

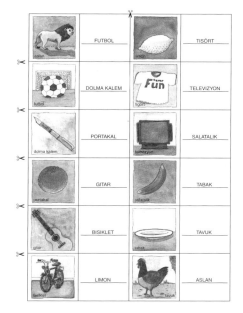

**Arbeitsblätter**
Die Arbeitsblätter haben einen hohen Motivationswert. Die Schüler kennen solche Dominospiele und können sogar versuchen, mit Wort- und Bildkarten aus anderen Sprachen das Spiel zu erweitern.

So alt ... und immer noch aktuell

---

**Statt einer Schulordnung ...**

- Abbau von Angst in der Schule.
- Offener Unterricht, d.h. offen für die Wünsche, Interessen und Bedürfnisse der Schüler.
- Im Mittelpunkt aller schulischen Bemühungen muss nicht der Lehrer, sondern der Schüler stehen.
- Mitbestimmung und Selbstbestimmung der Schüler, wo immer möglich.
- Gemeinsames Nachdenken und Diskutieren aller Probleme und Konflikte statt Reglementierung durch den Lehrer.
- Selbstständiges Denken und Handeln der Schüler.
- Begründete Kritik üben.
- Lernen lernen, nicht Wissen pauken.
- Der Lehrer ist nicht der Führer, sondern Helfer der Schüler.
- Schule muss Spaß machen.

---

**AB 4**

**AB 5**

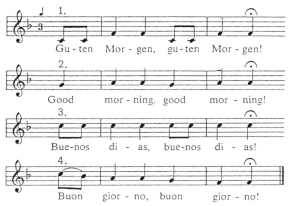

Aus: „Schalmei" Unser Liederbuch für die Grundschule, Stuttgart, Klett, 1989

Aus: Uwe Köster: Die Lernenden sind wichtiger als die Lehre. In: H. Halbfas u.a. (Hrsg.): Neuorientierung des Primarbereichs. Bd. 2: Lernen und soziale Erfahrung. Stuttgart: Klett 1974

## LITERATUR

**Jamie Walker:**
**Gewaltfreier Umgang mit Konflikten in der Grundschule.** Grundlage und didaktisches Konzept. Spiele und Übungen für die Klassen 1–4. Frankfurt a.M.: Scriptor/CVK 1995

**Hermann Schwarz:**
**Lebens- und Lernort Grundschule.** Prinzipien und Formen der Grundschularbeit – Praxisbeispiele. Frankfurt a.M.: Scriptor/CVK 1994

**Thomas Gordon:**
**Lehrer-Schüler-Konferenz.** München: Heyne 1989. Wie man Konflikte in der Schule löst, will Gordon nach dem Muster der bekannten „Familienkonferenz" zeigen und die Voraussetzungen für ein angstfreies Lehren und Lernen in der Schule schaffen.

**Renate Valtin/Rosemarie Portmann (Hrsg.):**
**Gewalt und Aggression: Herausforderungen für die Grundschule.** Frankfurt a.M.: Arbeitskreis Grundschule 1995

**Gewaltlösungen.** Jahresheft 1995. Seelze: Friedrich Verlag 1995

**Grundschule: Mädchen, Jungen, Frauen.** Die Grundschulzeitschrift, Heft 103. April 1997, Seelze: Friedrich Verlag 1997

**Rudolf Schmitt (Hrsg.):**
**Eine Welt in der Schule.** Frankfurt a.M.: Arbeitskreis Grundschule 1997

**Ute Andresen:**
**So dumm sind sie nicht. Von der Würde der Kinder.** Weinheim: Quadriga 1996. Ein eindringliches Dokument, das uns Erwachsene mahnt die Würde der Kinder ernst zu nehmen.

# Freundschaft (S. 20)

## INTENTIONEN

**Geburt und Aufwachsen**
**Körper und Gesundheit**
Mädchen und Jungen lernen, mit ihren unterschiedlichen Verhaltensweisen umzugehen, aufeinander Rücksicht zu nehmen und sich gegenseitig zu akzeptieren. Ihre Kenntnisse über das Entstehen menschlichen Lebens werden geordnet, erweitert und vertieft.

| | |
|---|---|
| Mädchen und Jungen verhalten sich manchmal verschieden | Rollenverständnis, Rollenerwartung, Rollenklischee: typisch Mächen, typisch Junge |
| | Interessen (Hobbys, Freundschaften, Spiele, Schulfächer) |
| | Verhalten bei Auseinandersetzungen |
| | Zeigen von Gefühlen |
| | Kulturelle Unterschiede |
| Geschlechtlichkeit und Sprache | Schimpfwörter und bestimmte Gesten verletzten die Würde anderer |
| | Miteinander sprechen |
| Mutterschaft und Vaterschaft | Sehnsucht nach Liebe, Zuneigung und Zärtlichkeit |
| | Wunsch nach Kindern, Familie, Ehepartnerschaft; auch Fragen und Antworten über Zeugung/Empfängnis, Schwangerschaft und Geburt im Zusammenhang menschlicher Beziehungen |

**INHALT** (Seite)

Freundschaft
Typisch Junge!
Typisch Mädchen! .......... 20
Ich bin froh, dass .......... 21
Freundschaft .............. 22
Gefühle ................... 24
Schwangerschaft und
Geburt ................... 26

### Zeitliche Einordnung

Das Thema „Freundschaft" ist an keine bestimmte Jahreszeit gebunden. Gelegentlich bietet sich im Gespräch mit Kindern ein aktueller Anlass, z.B. die Geburt eines Geschwisterchens oder die Eheschließung eines Familienmitgliedes um auf dieses Thema zu sprechen zu kommen.

## Vorüberlegungen zum unterrichtlichen Vorhaben

Noch immer gilt die Geschlechts- bzw Sexualerziehung im Unterricht als schwieriges Unterfangen, das **Mut** erfordert. Doch auch schon Grundschüler brauchen eine fundierte und sachgerechte Auseinandersetzung über die Begrifflichkeiten, Funktionsweisen und Wechselwirkungen von Körper, Geschlecht und Seele, wenn eine spätere Aufklärungsarbeit effektiv sein soll. Die Befürchtung einer verfrüht angebotenen Geschlechtserziehung scheint demgegenüber wenig stichhaltig. Die Schüler der Grundschule stehen noch nicht im vollen Spannungsfeld ihrer Geschlechtlichkeit und verarbeiten angebotene Informationen gemäß ihres individuellen Entwicklungsstandes.

Unterricht wird überfordert, wenn er gesellschaftliche Fehlentwicklungen kompensieren soll. Erfolg verspechender wäre daher eine Kooperation aller an der Erziehung und Sozialisation der Schüler beteiligten Instanzen: Familie, Schule, Vereine, Freundeskreise, Kirche usw. Eine enge Zusammenarbeit von **Eltern**haus und Schule ist daher erforderlich. Den Eltern sollte Gelegenheit gegeben werden ihre Erfahrungen und Fragen in Elternversammlungen zu diskutieren.

**Ziel** der Geschlechtserziehung ist „Learn to love" in einem ganz allgemeinen und grundsätzlichen Sinne. Die Kinder sollen zu verantwortlichem geschlechtlichem Verhalten erzogen werden, in Bezug auf sich selbst, den Partner, die Familie und die Gesellschaft. Die Geschlechtserziehung dient insofern der Förderung von Ehe und Familie sowie der Toleranz anderer, neuer oder fremder Lebensweisen.

In der Grundschule genügt die bloß biologische Unterweisung nicht. Es geht vielmehr um eine umfassende Erziehung zur eigenen und fremden Sexualität. **Eine positive und unbefangene Einstellung** zu allen Fragen und Erscheinungen steht dabei im Vordergrund, während die Aufklärung über eine problematische und negative Sexualität älteren Schülern vorbehalten bleibt.

Für einen Teil der Schüler bedeutet diese Unterweisung eine **Erstinformation**, andere hingegen sind **überaufgeklärt**. Über sexuelle Fragen darf daher nicht doziert werden, vielmehr kommt in einem differenzierenden Unterricht dem Gespräch mit den Schülern besondere Bedeutung zu. Der Achtung vor der Würde des Kindes ist besonderer Rang zuzusprechen.

Besonders zu beachten ist, dass sich alle Kinder gerne aufgeklärt geben. Erst wenn die Dinge von den Lehrern **zur Sprache gebracht** werden, zeigt sich, was Kinder wissen, was sie nicht wissen und was sie interessiert. Im Gespräch mit Kindern werden bei Themen mit intimen Inhalten hohe Hemmschwellen deutlich. Diese sind zu berücksichtigen und zu akzeptieren.

Alle Schüler beggenen heute der Sexualität über die **Medien**. Diese fördern in ihrer liberalistischen Berichterstattung und Aufmachung jedoch voyeuristische Tendenzen und wirken eher aufreizend als aufklärend. (Diese Ausführungen lehnen sich an den folgenden Aufsatz an: Linus Dietz, Sexualerziehung in der Grundschule, in: Grundschulmagazin 6/1996, S. 4–9)

**Typisch Junge! Typisch Mädchen! (S. 20)**
**Ich bin froh, dass ich ein Mädchen/ein Junge bin (S. 21)**

Zum Thema
**Starke Mädchen + starke Jungen**

**Christina Björk:**
**Linus lässt nichts anbrennen.** München: Bertelsmann 1981

**Jane Goodall:**
**Mein Leben mit Schimpansen.** Rowohlt: Reinbek 1985

**Annika Hohn:**
**Wehr dich, Mathilda!** München: Hanser 1994

**Mädchen dürfen stark sein,**
**Jungen dürfen schwach sein.** 15 Geschichten. Reinbek: Rowohlt Rotfuchs Taschenbücher 1985

**Rosemarie Portmann (Hrsg.):**
**MÜCKE. Mut tut gut** – Geschichten und Gedichte vom Muthaben und Mutmachen. Würzburg: Arena 1994

**Ursel Scheffler:**
**Piratenlissy.** Reinbek: Rowohlt 1989

**Sternenmädchen. Indianerinnen-Geschichten.** Berlin: Elefanten Press 1994

**Irene Strothmann:**
**Das schaffst du nie!** Reinbek: Rowohlt 1989

**Renate Welsh:**
**Julie auf dem Fußballplatz.** Wien: Jugend & Volk 1993

**Peter Härtling:**
**Benn liebt Anna.** Weinheim: Beltz 1986

Aus der Broschüre „Mädchen und Jungen" siehe nächste Seite.

- Die **Bilder und Texte** sollen zum Nachdenken und anschliessendem Gespräch anregen.
- Die **Arbeitsblätter** und nachfolgenden **Spiele** bieten vielfältige Anregungen um herkömmliche Rollenverständnisse, -erwartungen und -klischees zu durchbrechen.

**Spieglein, Spieglein, an der Wand …**
**erkennst du dich wieder?**

In einer spielerischen, lockeren und witzigen Atmosphäre kann der Test (S. 21) mit folgender Tabelle – siehe auch Arbeitsblatt 6 – ausgewertet werden.

**AB 6**     **Test für Jungen und Mädchen**

**Für Mädchen:**

| | |
|---|---|
| 15–22 Ja-Punkte: | Du tust bereitwillig, was andere von dir als Mädchen erwarten. Sei ruhig etwas selbstbewusster und tu mehr, was dir selbst Spaß macht. |
| 8–14 Ja-Punkte: | Du hast ein gutes Selbstvertrauen und bist froh, dass du ein Mädchen bist. Du kümmerst dich wenig um die Vorurteile anderer. Mach weiter so! |
| 0–7 Ja-Punkte: | Du bist sehr selbstbewusst und selbstständig und glaubst, dass Mädchen und Jungen gleiche Interessen haben, gleich viel können und gleiche Gefühle zeigen. Sind sie wirklich ganz gleich oder in manchen Dingen auch verschieden? |

**Für Jungen:**

| | |
|---|---|
| 15–22 Ja-Punkte: | Du nimmst dich manchmal selbst zu wichtig. Etwas mehr Verständnis für deine Klassenkameradinnen und -kameraden würde dir gut tun. Auch als Junge darfst du manchmal Schwächen zeigen. |
| 8–14 Ja-Punkte: | Du kannst dich gut in andere Menschen einfühlen und sie verstehen. Weil du ehrlich zu dir selbst bist, hast du auch gute Freunde. Mach weiter so! |
| 0–7 Ja-Punkte: | Du bist ein Junge, der mit allen Menschen klar kommt und der immer alles besonders gut machen will. Manchmal solltest du mehr Mut haben, auch anders zu sein als die anderen und das zu tun, was allein dir Spaß macht. |

# Typisch Junge! Typisch Mädchen! (S. 20)
# Ich bin froh, dass ich ein Mädchen/ein Junge bin (S. 21)

## Spiele und Arbeitsaufträge

### Mädchen spielen – Jungen spielen

Mädchen und Jungen bringen ihr Lieblingsspielzeug mit in die Schule. Sie erklären sich gegenseitig den Gebrauch. Mädchen spielen mit den Jungenspielsachen, Jungen mit den Mädchenspielsachen. Was hat Spaß gemacht? Oder: Mädchen und Jungen schreiben Mädchen- und Jungenspiele auf. Gemeinsam wird dann verglichen und diskutiert: Gibt es überhaupt „reine" Jungen- und Mädchenspiele? Was können alle spielen? Wir lernen Mädchen- bzw. Jungenspiele kennen. Wir lernen gemeinsam neue Spiele kennen.

### Igel streicheln

Die Kinder bilden Paare. Im ersten Durchgang sollten jeweils Mädchen mit Mädchen und Jungen mit Jungen Paare bilden, anschließend jeweils ein Mädchen und ein Junge. Ein Kind wird zunächst zum Igel, „igelt sich ein", indem es sich eng zusammenrollt. Das andere Kind versucht nun es aus dieser Isolation herauszuholen. Es kann den „Igel" streicheln, mit ihm sprechen, ihn vorsichtig hin- und herrollen u.Ä. Es darf die „Einigelung" aber nicht mit Gewalt aufbrechen. Oft hilft es, wenn es sich vorstellt, was ihm selbst in einer solchen Situation angenehm wäre.
Anschließend werden die Rollen gewechselt. Das andere Kind wird zum „Igel".
Danach wird in der Gruppe darüber gesprochen. Welche Erfahrungen haben Jungen und Mädchen beim „Einigeln", welche beim „Igelstreicheln" gemacht? **„Igelstreicheln" ist ein sehr intimes Spiel, deshalb darf kein Kind zum Mitmachen gedrängt werden.**

## Gemeinsame Verantwortung

Hier sind der Phantasie keine Grenzen gesetzt. Erprobte Vorschläge sind:

- „Hausarbeit" für Mädchen und Jungen nach Plan, z.B. Teekochen für alle, Frühstückstische abwischen, Küchen- und Aufräumdienst auf Klassenfahrten (es können auch „Hausarbeits-Diplome" eingeführt werden).
- Sauberhalten des Klassenraums durch Jungen und Mädchen, ebenfalls nach Plan: Aufräumen, Fegen, Blumengießen, Schultiere pflegen, Schulgarten bearbeiten usw.
- Patenschaften für andere Kinder in der Klasse, z.B. im Krankheitsfall, übernehmen, einer neuen Schülerin oder einem neuen Schüler den Anfang erleichtern, einem Kind bei den Aufgaben helfen usw.
- Patenschaften mit Flüchtlingskindern übernehmen.
- Gemeinsam an einem „Erste-Hilfe-Kurs" teilnehmen.
- Kontakte mit alten Menschen in der Nachbarschaft aufnehmen.
- Kooperation mit der Klasse einer Sonderschule pflegen.

Die Spiele dieser Seite sowie die Bücherliste auf der vorherigen sind entnommen: **Mädchen und Jungen gleichberechtigt – nicht gleichgemacht**, Unterrichtsprojekte – Arbeitshilfen – Übungen – Rollenspiele, hrsg. von der Arbeitsgemeinschaft Jugend und Bildung e.V., Wiesbaden, in Zusammenarbeit mit dem Bundesministerium für Familie, Senioren, Frauen und Jugend, 1996.
Die Broschüre und Arbeitshefte für Schüler/-innen sind kostenlos zu bestellen bei Universum Verlagsanstalt, 65175 Wiesbaden

| Jungen | | Mädchen | |
|---|---|---|---|
| **Was uns an Mädchen gefällt** | **Was uns an Mädchen nicht gefällt** | **Was uns an Jungen gefällt** | **Was uns an Jungen nicht gefällt** |
| sehen gut aus<br>lange Haare<br>sie helfen<br>Feingefühl<br>ihr Lächeln<br>hilfsbereit<br>intelligent<br>schöne Schrift<br>sie sind nicht grob | wollen besser sein<br>heulen viel<br>sie kratzen<br>sind egoistisch<br>sind kindisch<br>„Waschfimmel"<br>unsportlich<br>ängstlich<br>geben an<br>spielen mit Puppen | sie sind stark<br>sie beschützen<br>intelligent<br>hilfsbereit | streiten viel<br>geben an<br>können nicht verlieren<br>sind kindisch<br>sind unsportlich<br>reden viel im Unterricht<br>riechen nach Schweiß<br>wollen besser sein<br>sind vorlaut |

(Antworten einer Schulklasse)

# Freundschaft (S. 22/23)

Kinder beschimpfen sich gelegentlich in einer vulgären **Sprache**. Diese Fäkal- und Gossensprache kann im Unterricht nicht akzeptiert werden. Allerdings sind Überreaktionen verfehlt. Oft kann der Sprachgebrauch zunächst unwidersprochen hingenommen werden um dann das Kind fast unmerklich zu korrigieren, indem das Niveau-Wort in die Antwort eingeflochten wird.
Ähnlich verhält es sich bei Schmierereien auf den Gängen, in Toiletten und Schulheften. Sie können Anlass für den Beginn eines fruchtbaren Gesprächs sein.

Im Unterricht über Liebe und Freundschaft zu reden ist nur in einer guten Atmosphäre möglich.
- In den Bildern, Texten und Liedern finden die Kinder Gesprächsangebote.
- Die Kinder erzählen,
  schreiben,
  zeichnen und
  spielen
  über ihre Empfindungen.
- Die Kinder erzählen von ihren Freundschaften.
- Gibt es Mitschüler/innen die keine Freundinnen/Freunde haben?
- Was kann die Klasse dagegen tun?

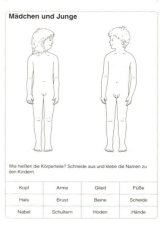

**AB 7–10**

## Benjamin, ich liebe dich

Ben-ja-min, ich lie-be dich be-reits seit sie-ben Ta-gen. Ben-ja-min, ich trau mich nicht, es dir mal selbst zu sa-gen. Am Mon-tag wars dein Stop-pel-haar, das fand ich ein-fach wun-der-bar! Stop-pel-haar! Wun-der-bar!

2. Am Dienstag wars dein Fußballschuh.
Ich sah ihn und war hin im Nu.
Stoppelhaar – wunderbar
Fußballschuh – hin im Nu.

Benjamin, ich liebe dich
bereits seit sieben Tagen.
Benjamin, ich trau mich nicht,
es dir mal selbst zu sagen.

3. Am Mittwoch wars dein Ring im Ohr,
dass ich dich mein Herz verlor.
Stoppelhaar – wunderbar
Fußballschuh – hin im Nu
Ring im Ohr – Herz verlor.

Benjamin, ich liebe dich
bereits seit sieben Tagen.
Benjamin, ich trau mich nicht,
es dir mal selbst zu sagen.

4. Am Donnerstag dein heißer Blick
ließ mich erschauern voller Glück.
Stoppelhaar – wunderbar
Fußballschuh – hin im Nu
Ring im Ohr – Herz verlor
heißer Blick – voller Glück.

Benjamin, ich liebe dich
bereits seit sieben Tagen.
Benjamin, ich trau mich nicht,
es dir mal selbst zu sagen.

5. Am Freitag wars dein Leberfleck.
Ich sah ihn und schon war ich weg!
Stoppelhaar – wunderbar
Fußballschuh – hin im Nu
Ring im Ohr – Herz verlor
heißer Blick – voller Glück
Leberfleck – war ich weg.

Benjamin, ich liebe dich
bereits seit sieben Tagen.
Benjamin, ich trau mich nicht,
es dir mal selbst zu sagen.

Text: Rolf Krenzer
Musik: Ludger Edelkötter

aus: Xa-Lando, Schöningh, Paderborn 1995

### Arbeitsblätter zu dieser Einheit

**Diese Arbeitsblätter können** vom Lehrer/von der Lehrerin an beliebigen Stellen innerhalb der Einheit eingesetzt werden.
Wir empfehlen jedoch als erstes mit den Arbeitsbogen zu beginnen, bei denen sich der Schüler/die Schülerin allein mit der Problemstellung auseinandersetzen kann, bevor diese in der Gruppe diskutiert wird.
Das führt bei den meisten Kindern zu einer Vertiefung und Versachlichung.

Eine umfangreiche Buchempfehung zur Familien und Geschlechtserziehung ist erhältlich bei:
**Schulbibliothekarische Arbeitsstelle im Landesinstitut für Erziehung und Unterricht, Rotebühlstr. 133, 70197 Stuttgart**

# Gefühle (S. 24/25)

- Die Kinder erstellen ein Cluster zum Begriff „Freundschaft".
- Sie machen verschiedene Partner-Spiele.
- Sie finden zu jedem Gefühle-Bild eine Geschichte.
- Sie stellen die unterschiedlichen Stimmungen mit ihrem Körper dar und achten besonders auf den Einsatz von Mimik und Gestik.
- Sie erstellen eine Gefühlekartei

Zu Beginn der Erarbeitung des Begriffs „Freundschaft" bietet sich an, mehrere Gruppen- oder Partnercluster herzustellen. Zunächst schreibt ein Kind das Wort „Freundschaft" auf ein großes Blatt und macht einen Kreis darum. Das ist der Kern des Clusters. Dann lassen sich die Kinder der Gruppe oder die beiden Partner in ihren Gedanken einfach treiben. Sie versuchen nicht krampfhaft, sich zu konzentrieren, sondern sie folgen dem Strom der Gedankenverbindungen, die in ihnen auftauchen. Alle Einfälle schreiben sie schnell auf. Jeder Gedanke bekommt einen Kreis. Die Kinder lassen die Kreise vom Mittelpunkt aus ungehindert in alle Richtungen ausstrahlen, so wie es sich gerade ergibt. Jedes neue Wort verbindet es durch einen Strich mit dem vorigen Kreis. Wenn ihnen etwas Anderes einfällt, verbinden sie es direkt mit dem Kern und gehen von dort nach außen, bis diese aufeinander folgenden Assoziationen erschöpft sind. Dann beginnen sie mit der nächsten Ideenkette wieder beim Kern. Es gibt keine falsche Art, ein Cluster zu bilden. Alles ist erlaubt. Das Cluster ist die Kurzschrift ihres bildlichen Denkens, und das weiß, wohin es steuert, auch wenn es dem Kind selbst noch nicht klar ist. (vgl. Gabriele Rico: Garantiert schreiben lernen, Reinbek bei Hamburg 1994, Seite 35).

Die Gruppen präsentieren anschließend ihre Cluster und stellen ihre Gedankengänge zu dem Begriff „Freundschaft" vor. Ein Cluster ist nicht nur eine Grundlage für ein Gespräch, sondern auch für eine Textproduktion. Die Kinder können in Gruppen oder einzeln aus ihrem jeweiligen Cluster (lyrische) Texte zu diesem Thema verfassen.

Die Kinder sammeln aus Büchern Vorschläge für „Partner-Spiele". Jedes Spiel schreiben sie auf eine Karteikarte und sammeln alle in einem Karteikasten. Zu festgelegten Zeiten nehmen sich jeweils zwei Kinder einen Spielvorschlag aus ihrem Karteikasten.

Auf der Seite 25 im Schülerband sind vier Vorschläge für Stimmungen abgebildet. Diese Bilder sollen ein Anlass sein, um über eigene Gefühle zu sprechen. Wenn die Kinder die Möglichkeit haben, ihre Stimmungen zu verbalisieren, lernen sie sich auch besser kennen. Wenn sie darüber hinaus Körperhaltung und Gesichtsausdruck der jeweiligen Stimmungen immer wieder spielerisch darstellen, so entwickeln sie eine höhere Wahrnehmungskompetenz ihren Mitschülern gegenüber, aber auch eine bessere Selbstwahrnehmung.

Einzelne Kinder können Nonsens-Texte verfassen und sie zu allen vier Situationen vortragen: Einmal traurig, einmal wütend, einmal ängstlich und einmal glücklich. Der gleiche Text wird in einer anderen Stimmlage, mit anderer Betonung, mit unterschiedlicher Mimik und Gestik zum Ausdruck gebracht. Die übrigen Kinder beobachten die Mimik und die Gestik ganz genau. Sie können anschließend genau beschreiben: „So sieht Trauer aus", „So sieht Wut aus", „So sieht Angst aus" und „So sieht Freude aus".

Schließlich erstellen Sie eine Gefühlekartei, die als Freiarbeitsmaterial in der Klasse verbleibt. Dazu benötigen sie unlinierte DIN-A5-Karteikarten. Auf jede Karte wird ein Gesicht in unterschiedlicher Stimmung skizziert. Grundlage für das Gesicht ist immer wieder der gleiche Kreis. Zu jedem Gesicht formulieren die Kinder Arbeitsanweisungen, die mit Hilfe eines Spiegels ausgeführt werden.

Lächle dein Spiegelbild an!
Sage ihm „Hallo!"

Wie sehen deine Augen aus?

Wie sieht dein Mund aus?

Kannst du deine Zähne sehen?

Kannst du deine Zunge sehen?

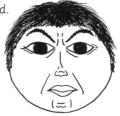

Du bist sauer auf deinen Freund. Eigentlich wollte er mit dir spielen, aber jetzt hat ihn ein anderes Kind eingeladen.

Wie sehen deine Lippen aus?

Wie sehen deine Augen aus?

# Gefühle (S. 24/25)

Du bist sehr traurig und musst weinen. Keiner kann Dich trösten. Immer wieder schluchzt du.

Schau in den Spiegel! Wie sehen deine Augen aus? Wie sehen deine Lippen aus?

Entspanne dich! Lass Mund und Augen ganz locker!

Dein Gesicht soll keine Falten zeigen.

Du musst jetzt herzhaft lachen.

Was passiert mit deinem Mund?

Wie verändern sich die Wangen?

Du bist den Tränen nahe. Du strengst dich an, um die Tränen zu unterdrücken.

Wie sehen Mund und Augen aus?

Kannst du grinsen wie ein Honigkuchenpferd?

Beobachte dein Gesicht genau!

Du hast gerade etwas lustiges gehört und musst lachen.

Wie verändert sich der Mund?

Wie verändern sich die Augen?

Stell dir vor, du würdest jetzt einen Heulkrampf bekommen!

Vielleicht hast du dich schwer verletzt oder du bist einfach sauer. Vielleicht heulst du vor Wut. Beobachte dein Gesicht!

Stell dir vor, du wärst so richtig enttäuscht!

Etwas, worauf du dich lange gefreut hast, hat nicht geklappt!

Beobachte dein Gesicht im Spiegel!

# Schwangerschaft und Geburt (S. 26/27)

- Texte im Buch lesen.
- Inhalte diskutieren.
- Fotoalben mitbringen lassen und dazu erzählen.

- Gespräch und Bildbetrachtung: Sind Jungen und Mädchen verschieden? Worin unterscheidet sich ihr Körper?
- Wie entsteht ein Kind? Was zunächst besprochen wurde, kann nun erlesen werden.
- Die Kinder sollen den Körper eines Mädchens und eines Jungen – einschließlich der Geschlechtsmerkmale – zeichnen. Was sie auch immer darstellen, sollte akzeptiert werden und kann Anlass zu weiteren Gesprächen geben.
- Die Bildleiste zeigt die Entwicklung des menschlichen Lebens vom Embryo zum Kleinkind. Die Kinder können Fotos von ihrer Kleinkindzeit mit in die Schule bringen.
- Arbeitsaufträge.

**Vorlage für einen Elternbrief**

Liebe Eltern,
hiermit lade ich Sie zu unserem nächsten Elternabend am ........., um ... Uhr ein. Als Klassenlehrerin möchte ich Sie über das nächste Thema des Sachunterrichts informieren, das die Geschlechtserziehung zum Inhalt haben wird, und mit Ihnen über die Unterrichtsinhalte und mein Vorgehen sprechen.

Entsprechend dem Lehrplan sollen Kinder mit Mutterschaft und Vaterschaft, Zeugung/Empfängnis, Schwangerschaft und Geburt umgehen lernen. Ich möchte vor allem auf Fragen, die unsere Kinder bereits zur Sexualität haben, eingehen. Sie besitzen ja schon ein reiches Vorwissen aus dem Fernsehen, aus Zeitschriften, Videos und Büchern. Vieles mag dabei unverständlich geblieben oder falsch verstanden worden sein. Ihre Kinder sollen Gelegenheit erhalten, über alles, was sie interessiert, zu sprechen und richtige Antworten und Informationen zu bekommen.

Mit freundlichen Grüßen

Wenn in diesem frühen Lebensalter mit Kindern Fragen zur Mutter- und Vaterschaft, Zeugung/Empfängnis, Schwangerschaft und Geburt besprochen werden, ist dies für alle Beteiligten wenig problematisch. Die Kinder der 3. Klasse sind interessiert an diesen Themen und gehen in aller Regel ohne psychologische Spannungen, offen und unverspannt, mit den Informationen der Lehrerin oder des Lehrers um. Allerdings dürfen sexuelle Fragen auch nicht emotional überfrachtet werden. Offene Gesprächsrunden, Erzählungen, Bilder und Spiele decken die Interessen der Kinder voll ab.

Die wichtigsten Begriffe zur Sexualität sollten an dieser Stelle eingeführt, klar und deutlich zur Sprache gebracht und im Gespräch mit und unter den Kindern verwendet werden:

Scheide, Glied, Hodensack, Brüste, Samenzellen, Gebärmutter, Eizellen, Monatsblutung usw.

Es geht aber selbstverständlich nicht nur um die Begrifflichkeit, sondern in erster Linie um die Funktionen.

„Sexualerziehung gibt es praktisch nur theoretisch!"
(Rudi, 15 Jahre, nach L. Dietz)

## LITERATUR

Lennart, Nilsson: **Ein Kind entsteht.**
Bilddokumentation über die Entwicklung des Lebens im Mutterleib. München: Mosaik 1990

Frank Herrath/Uwe Sielert: **Lisa & Jan.**
**Ein Aufklärungsbuch für Kinder und ihre Eltern.**
Bilder von Frank Ruprecht. Weinheim/Basel: Beltz 1996

**Mein Körper gehört mir!** Ein Aufklärungsbuch der PRO FAMILIA Darmstadt. Illustrationen von Dagmar Geisler. Bindlach: Loewe-Verlag 1995

Grethe Fagerström/Gunilla Hansson:
**Peter, Ida und Minimum, Hurra, wir kriegen ein Baby!**
Ravensburg: Ravensburger Buchverlag 1997

Oralee Wachter: **Heimlich ist mir unheimlich.**
Berlin: Donna Vita 1993

Die Kinder können Familienalben mitbringen und kleine Erlebnisse, die die Eltern aus ihrer „Verliebtseinzeit" berichten, den andern Kindern mitteilen.
Dabei ist aber mit besonderer Umsicht auf Kinder von Alleinerziehenden zu achten.
Vielleicht bringen die Jungen und Mädchen auch gerne ihre Fotos von den ersten Lebenstagen mit und es schließt sich daran ein fröhlicher Gedankenaustausch an. Die meisten Kinder empfinden ihre ersten Lebensjahre als faszinierende und interessante Zeit und lauschen gern den Erzählungen und Berichten von Eltern und Lehrern.

# Pflanzen für die Ernährung (S. 28–35)

## INTENTIONEN

**Natürliche und gestaltete Umwelt**

Menschen haben Pflanzen für ihre Ernährung kultiviert. Die Kinder erkunden Möglichkeiten und Verfahren, wie Pflanzen zu Nahrungsmitteln weiterverarbeitet werden.

| Pflanzen werden kultiviert und zu Nahrungsmitteln verarbeitet | Nahrungspflanzen, die in unserer Gegend angebaut werden |
| --- | --- |
| | Anbau, Ernte und Verarbeitung – früher und heute Geschichte einer ausgewählten Kulturpflanze |
| | Vorschläge für projektorientiertes Lernen: Vom Korn zum Brot Die Kartoffel – ein vielseitiges Nahrungsmittel |
| | Ökologie: Durch eigenes Handeln (Anbauen von Nahrungspflanzen) den Wert derselben erfahren und dadurch zu verantwortungsbewusstem Umgang mit Nahrungsmitteln angeregt werden |

**INHALT** (Seite)

Pflanzen für die Ernährung
- Getreide gibt uns Nahrung ... 28
- Der Mähdrescher .......... 30
- Vom Korn zum Brot ........ 31
- Kartoffeln aus Amerika ...... 32
- Gemüse im eigenen Garten .. 34

### Zeitliche Einordnung

Pflanzen werden im 3. Schuljahr in ihrer Bedeutung für die Ernährung behandelt. Deshalb bietet sich für einen ersten Schwerpunkt die Zeit bis zum Erntedankfest an, also von September bis Anfang Oktober. Obst- und Kartoffelernte können in diesem Zeitraum noch beobachtet werden.

Im Frühjahr (März) kann mit eigenem Gemüseanbau begonnen werden; hier liegt der 2. Schwerpunkt des Themenbereichs. Es empfiehlt sich, gleichzeitig mit einer Langzeitbeobachtung des Getreideanbaus zu beginnen.

### Vorüberlegungen zum unterrichtlichen Vorhaben

Der Bedeutung heimischer Nutzpflanzen für die Ernährung kommt aus zweifacher Sicht ein besonderer Stellenwert zu:

a) Kinder kommen heute viel weniger mit landwirtschaftlichen Betrieben in Berührung als in früheren Zeiten und erleben daher aus sehr viel größerer Distanz den Jahreskreislauf der Natur: pflanzen/säen, wachsen, pflegen, ernten. Getreide, Kartoffeln, Obst und Gemüse bekommen Kinder erst in verarbeitetem Zustand zu Gesicht, zumindest aber losgelöst vom Entstehungs- und Wachstumsprozess. Sie werden im Lebensmittelgeschäft, Großmarkt oder auf dem Wochenmarkt gekauft. Die Kinder können heimische Früchte von ausländischen kaum unterscheiden. Es gehört zu den wichtigen Aufgaben des Sachunterrichtes, die elementaren Vorgänge beim Anbau von Nutzpflanzen (säen, pflanzen, pflegen, düngen, ernten usw.) durch teilnehmendes Handeln erfahrbar zu machen.

b) Eine genaue Kenntnis der gebräuchlichsten Nutzpflanzen kommt auch dem steigenden Bedürfnis von immer mehr Menschen entgegen, die sich über die eigenen Ernährungsgewohnheiten Gedanken machen, sich gesund ernähren wollen und alternative Kost bevorzugen.

Einzelne Regionen unterscheiden sich in ihren klimatischen Bedingungen sowie in der Bodenbeschaffenheit. Entsprechend diesen Voraussetzungen verteilen sich die landwirtschaftlichen Nutzungsarten.

Neben typischen Kulturen in besonderen Gebieten finden sich vielfältige kleinere Anbauflächen von landwirtschaftlichen Betrieben, Gärtnereien oder auch nur Haushalten. Gerade Kleingärten und die kleinen Äcker und Felder bieten für den Unterricht reiche Gelegenheit die Vielfalt unserer heimischen Nutzpflanzen aufzuzeigen und die einzelnen Arten unterscheiden zu lernen. Besonders herauszuheben sind die Getreidearten, die Kartoffeln sowie verschiedene Obst- und Gemüsearten, da sie als Grundnahrungsmittel für unsere Ernährung von großer Bedeutung sind.

# Getreide gibt uns Nahrung (S. 28/29)

Getreide gehört zu den ältesten Grundnahrungsmitteln der Menschen und es hat bis heute nichts von seiner Bedeutung verloren. Doch welcher Schüler kann heute die Getreidearten unterscheiden und welcher weiß, dass Nudeln, Haferflocken, Cornflakes und Grieß aus Getreide hergestellt werden?

Vom Umfang des Themas darf sich der Lehrer nicht dazu verleiten lassen, zu viele Aspekte erschöpfend behandeln zu wollen. Wichtig ist Schwerpunkte zu setzen, mit allen Sinnen Erfahrungen sammeln zu lassen, gezielte Beobachtungen vorzunehmen, zu vergleichen, Wahrnehmungen schriftlich, zeichnerisch oder fotografisch festzuhalten und, wo immer es geht, Hand mit anzulegen.

- Ein **Unterrichtsgang** durch Getreidefelder ist besonders empfehlenswert, es können aber auch Getreidehalme in den Unterricht mitgebracht werden. Kornblumen, wilder Mohn und andere Wildkräuter mit berücksichtigen. (Achtung: Allergiekinder!)

  **Arbeitsaufträge:**
  a) Wie viele Körner hat eine Ähre? Zähle sie!
  b) Entferne die Spelzen von einigen Körnern und zerreibe sie zwischen zwei glatten Steinen! Wie schwierig das ist!
  c) Vergleiche bei verschiedenen Getreidearten die Grannen (Borsten)! Wie fühlen sie sich an?
- **Getreide gibt uns Nahrung:** Weizen, Roggen, Hafer, Gerste, Mais. Der Text im Buch gibt erste Informationen.
- **Aufbau einer Getreidepflanze:** Wurzeln, Halm, Blätter, Knoten, Ähre, Rispe, Kolben, Korn, Grannen, Spelzen; Vergleiche das Arbeitsblatt!

**Am ersten Sonntag im Oktober ist das Erntedankfest.**
Wofür danken an diesem Tag die Menschen? In früheren Zeiten wussten die Menschen viel genauer als wir heute, wofür sie danken wollten. Sie bekamen gute und schlechte Ernten zu spüren. Wie feiern unsere Ausländerkinder dieses Fest in ihrer Heimat? Wir besuchen einen Erntedankaltar in der Kirche und sehen, was hier alles zusammengetragen wurde.

ERNTE-KANON zu 3 Stimmen

He, ho, spannt den Wa-gen an! Seht, der Wind treibt Re-gen ü-bers Land! Holt die goldnen Gar-ben, holt die goldnen Garben.

T und M: mündlich überliefert aus England

## „Getreide – von der Aussaat zur Ernte"

### 1. Bei der Aussaat

Getreidekörner werden in langen Reihen in den Boden gelegt, im Frühjahr das Sommergetreide, im Spätherbst das Wintergetreide. Nach der Aussaat nehmen die Körner Wasser auf, sie quellen.

### 2. Frühjahrswachstum

Wenn die Sonne den Boden erwärmt (Keimtemperatur), beginnt das Wachstum. Es bilden sich Würzelchen, der Keimling durchstößt den Boden, Blättchen entwickeln sich, ein intensives Längenwachstum setzt ein, Nebentriebe bilden sich aus.

### 3. Blüten- und Fruchtstand

Zuletzt entwickeln sich die Blütenstände. Durch die Bestäubung und Befruchtung bilden sich in den Ährchen die Körner aus. Die Körner werden von „Spelzen" eingeschlossen, die bei manchen Getreidearten zu „Grannen" verlängert sind.

### 4. Getreideernte

Wenn das Getreide reif ist, wird es gemäht und gedroschen. Beides macht heute der „Mähdrescher". Beim Dreschen werden die Körner von den Spelzen befreit (vgl. die Dreschflegel im Museum) und in Säcke gefüllt. Einen Teil des Getreides verbraucht der Landwirt allerdings unmittelbar als Futter zur Schweinemast, Rindviehhaltung und für die Hühner. Einen weiteren Teil verwendet die Industrie zur Herstellung von Stärke, Malz und Alkohol. Auch das Stroh wird genutzt, als Streu für den Stall oder klein gehäckselt als Futterzugabe und zur Düngung der Felder.

# Getreide gibt uns Nahrung (S. 28/29)

**AB 11**

## Getreidearten

**Weizen** ist das älteste Vorratsgetreide, das heute in ca. 500 verschiedenen Sorten vorkommt. Die Ähre hat eine gedrungene Form und nahezu grannenlose Spelzen. Hartweizenmehl wird für Brot und Nudeln verwendet, Mehl aus weichen Weizensorten für den Haushalt, für Kleingebäck und Kuchen.

**Roggen** ist neben dem Weizen das wichtigste Brotgetreide. Die Pflanze stellt an den Boden keine hohen Ansprüche und ist deshalb sehr verbreitet. Die Halme können bis zu zwei Meter hoch werden, die Ähren haben Grannen von mittlerer Länge. Roggenmehl ist grau. Das dunkle Roggenbrot ist gesund.

**Gerste** erkennt man an den auffallend langen Grannen. Sie gedeiht auf anspruchslosen Böden. Als Brotgetreide ist Gerste wenig geeignet; sie wird vor allem zu Malz gebrannt, das bei der Bierherstellung Verwendung findet. Gerste wird aber auch als Futtermittel benutzt.

**Hafer** ist von den anderen heimischen Getreidearten durch seine Rispe leicht zu unterscheiden. Er ist im Wachstum anspruchslos, benötigt aber viel Feuchtigkeit. Bei den Germanen war Hafergrütze ein wichtiges Nahrungsmittel. Kinder essen gerne Haferflocken (Müsli), die entstehen, wenn Haferkörner mit Hilfe von heißem Dampf gewalzt werden. Hafer wird aber auch als Tierfutter, besonders für Pferde, verwendet.

**Mais** wächst an Kolben, die seitwärts an über 2m hohen Stengeln sitzen. Er braucht guten Boden, mildes, warmes Klima und viel Feuchtigkeit. Bei uns wird Mais vor allem als Futtermittel verwendet. In den südlichen Ländern Europas ist er als „Polenta" beliebt.

**Dinkel** ist eine dem gewöhnlichen Weizen sehr nahestehende Getreideart. Bis in die Neuzeit war er das Hauptgetreide im alemannischen Raum. Heute wird er als Brotgetreide, als Suppeneinlage (Grünkern) und zur Herstellung vollwertiger Kost verwendet.

## Sachinformation „Getreide"

Alle Getreidearten gehören zur Familie der Süßgräser. Die hohen **Halme** werden durch **Knoten** unterteilt und erhalten dadurch Festigkeit. Die Blüten des Getreides sitzen einzeln an einer **Rispe** (Hafer), zu mehreren an **Ähren** (Weizen, Roggen) oder an einem **Kolben** (Mais) zusammen und werden durch Wind bestäubt. Die Früchte des Getreides bestehen aus Körnern, an deren unterem Ende Keimlinge zu erkennen sind.

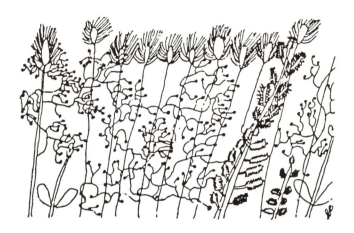

## Langzeitbeobachtung

Langzeitbeobachtungen der Entwicklung von Getreide stellen hohe Ansprüche an die Ausdauer von Schülern. Wenn geeignete Felder in kurzer Zeit zu erreichen sind, sollten die Beobachtungen während etwa fünf Monaten regelmäßig – oder doch mehrmals – durchgeführt werden. Der Entwicklungsstand kann in einer Wachstumstabelle (Datum, Beschreibung, Zeichnung oder Foto) festgehalten werden.

Solche Beobachtungen können auch ins Klassenzimmer verlegt werden. Die Kinder säen jeweils etwa zehn Körner von verschiedenen Getreidesorten (Sommerweizen, Sommerroggen, Hafer, Mais aus der Raiffeisengenossenschaft oder von landwirtschaftlichen Betrieben) in große Blumentöpfe oder Eimer mit guter Gartenerde. Gut gießen, zweimal Dünger beigeben. Insektenbekämpfung ist eventuell durch Brennnesselsud oder Schmierseife möglich.

Wollt ihr wis-sen, wie der Bau-er, wollt ihr wis-sen, wie der Bau-er sei-nen Ha-fer aus-sät? Seht ihr, so so sät der Bau-er, Seht ihr, so so sät der Bauer sei-nen Ha-fer aufs Feld.

Text: Nach Karl Simrock
Musik: Aus dem Rheinland

— Erfindet weitere Strophen zu diesem Lied!
  (Hinweis: … seinen Hafer abmäht/… seinen Hafer ausdrischt/… nach der Arbeit ausruht/usw.)

**Der Mähdrescher macht alles an einem Tag (S. 30)**
**Vom Korn zum Brot (S. 31)**

## Vom Korn zum Brot

### In der Mühle

Das Getreide wird in die Mühle gebracht, die heute allerdings nicht vom Wind angetrieben wird, sondern vom elektrischen Strom.
In der Mühle werden die Nährstoffe in den schwerverdaulichen Getreidekörnern durch besondere Aufbereitungsmethoden erst aufgeschlossen. Vor dem Mahlvorgang werden bei manchen Getreidearten die Körner geschält. Aus dieser Schale entsteht „Kleie", die als Futtermittel Verwendung findet. Die geschälten Körner (Graupen) werden weiter zerkleinert, zu Grieß (grob) und Mehl (Pulver). Ungeschälte Körner werden durch grobes Mahlen zu „Schrot".

### In der Bäckerei

Von der Mühle kommt das Mehl zum Verkauf, so auch in die Bäckereien. Unter Verwendung von verschiedenen Mehlarten und durch besondere Zubereitungsarten kann der Bäcker verschiedenartige Brotsorten herstellen: Das Sortiment des Bäckerhandwerks umfasst ca. 200 Brotsorten. Wir unterscheiden in der Regel nur Weizenbrot, Roggenbrot und Mischbrot. – Damit wir zum Frühstück frisch gebackenes Brot oder Brötchen essen können, muss der Bäcker schon sehr früh aufstehen.
Aus Mehl wird nicht nur Brot hergestellt, auch Kuchen, Torten, Teigwaren, Müsli … In der Bäckerei ist vieles erhältlich.
Grundsätzlich besteht jeder Brotteig aus Mehl, Wasser/Milch, Salz und einem Treibmittel. Die Verwendung von Hefe und Backpulver ist den meisten Kindern vom Kuchenbacken her bekannt. Das Backpulver wird hauptsächlich bei zucker- und fetthaltigen Teigen als Lockerungsmittel eingesetzt. Teige aus Weizenmehl werden vorwiegend mit Hefe aufgelockert, und für Roggenbrote muss meist Sauerteig als Treibmittel verwendet werden. (Das Ansetzen von Sauerteig schafft im Rahmen des Unterrichts Probleme, da er eine drei- bis viertägige Ruhezeit bei einer Temperatur von 30 bis 35° C benötigt.) Bei der Zubereitung des Fladenbrotes ist es wichtig, dass alle Arbeitsgänge von den Schülern selbst ausgeführt werden.

**Historischer Vergleich:**

**Früher:** Vielleicht können ältere Landwirte eingeladen werden und als Gäste erzählen, wie es früher war.

**Heute:** Einem Mähdrescher bei der Arbeit zuzusehen ist immer spannend.

- Verschiedene Getreidearten, verschieden gemahlenes Mehl und verschiedene Zubereitungsarten ergeben unsere Brotarten, z.B. Roggenbrot, Weizenbrot, Mischbrot.
- In Kleingruppen Fladenbrot backen: Die Schüler bringen – nach den Anweisungen im Buch – die Zutaten und Küchengeräte mit.
- Das Fladenbrot sollte in einer kleinen Erntedankfeier gemeinsam gegessen werden.
- Gesunde Ernährung: Welches Brot ist gesünder? Wir bereiten mit Haferflocken ein Müsli zu.

### PRAXISTIPP:

- Eine Ausstellung mit verschiedenen Getreidesorten erstellen, Informationen dazu aus Sachbüchern entnehmen.
- Dazu die Vorgänge des Erntens, Mahlens und Backens auf Schaubildern darstellen.
- Collagen herstellen aus Werbeprospekten: Brotkorb.

# Kartoffeln aus Amerika (S. 32/33)

Kartoffeln zählen heute zu den Grundnahrungsmitteln. Die Knollen sind, obwohl sie in der Erde wachsen, kein Teil der Wurzel. Der Ausläufer der Kartoffelpflanze, an dem die Knolle sitzt, ist ein unterirdischer Spross und sein angeschwollenes Ende eine Sprossknolle. In ihrem fleischigen Inneren enthält die Knolle Stärke. Wenn die Kartoffelknollen austreiben, schrumpfen sie zusammen, weil dabei Stärke für den Aufbau der Pflanzentriebe verbraucht wird. Die Stärke ist ein Nahrungsstoff sowohl für die jungen Triebe wie für die Menschen. Eine dünne Korkhaut, die Kartoffelschale, umhüllt die Knolle und verhindert so, dass diese austrocknet.

Im Frühjahr brechen aus den „Augen" der Kartoffel junge Triebe hervor, die sich von den in der Knolle gespeicherten Nährstoffen ernähren, und wachsen zu neuen Pflanzen heran. So dient die Knolle der Pflanze als Vorratsspeicher, zur Überwinterung und zur samenlosen Vermehrung. Von diesen Eigenschaften wird beim Anbau der Kartoffel Gebrauch gemacht (Saatkartoffeln).

**Was du aus Kartoffeln alles kochen kannst:**

Salzkartoffeln, Bratkartoffeln, Kartoffelgemüse, Kartoffelbrei, Kartoffelsalat, Kartoffelpuffer, Kartoffelklöße, Kartoffelkroketten, Pommes frites, Kartoffelsuppe, Kartoffelauflauf, Pellkartoffeln, Kartoffel-Chips, Rösti.

- Anlegen eines „Kartoffelackers" auf dem Fensterbrett (nach Anweisung des Schülerbuches).
- Protokoll der Langzeitbeobachtung führen.
- Betrachten der Kartoffelpflanze.
- Besonderer Hinweis: Alle grünen Teile der Pflanze sind giftig!
- Kartoffelernte – Wir machen ein Kartoffelfeuer (Kartoffel in Alufolie).
- Wie die Kartoffeln zu uns kamen – Erlesen der Geschichte; Aussprache.
- Anlegen eines Rezeptbuches für Kartoffelspeisen: Jedes Kind schreibt ein anderes Rezept auf – zum Kochen und zum Braten; die Zutaten nicht vergessen!
- Gemeinsame Zubereitung von Kartoffelpuffern – nach Rezept. Guten Appetit!

**AB 12**

### Der Kartoffelkäfer

Der größte Feind der Kartoffel ist der Kartoffelkäfer, denn er frisst die Blätter der Pflanze, die demzufolge keine lebenswichtigen Stoffe mehr aus der Luft aufnehmen können.

Ein einziges Weibchen legt mehr als 2500 Eier ab. Die Larven ernähren sich von den Blättern der Kartoffelpflanze. Dreißig Larven können in einer Woche eine ganze Pflanze zerstören. Im Anschluss an das Larvenstadium verpuppt sich das Tier und wird zum Jungkäfer, der sich noch zwei Wochen lang von den Blättern der Kartoffelpflanze ernährt. Dann zieht er sich in den Boden zurück und überwintert. Bei den ersten warmen Sonnenstrahlen im Frühjahr kriecht der erwachsene Käfer aus dem Boden, frisst zwei Wochen lang Kartoffelblätter, paart sich und legt seine Eier ab. So beginnt der Kreislauf von Neuem.

Nach dem zweiten Weltkrieg gab es eine große Kartoffelkäferplage. Ganze Schulklassen wurden auf die Felder geschickt, um die Schädlinge von den Pflanzen abzusammeln.

# Kartoffeln aus Amerika (S. 32/33)

**Der Bauer und der Teufel**

Es war einmal ein kluges und verschmitztes Bäuerlein, von dessen Streichen viel zu erzählen wäre: die schönste Geschichte ist aber doch, wie er den Teufel einmal drangekriegt und zum Narren gehalten hat. Das Bäuerlein hatte eines Tages seinen Acker bestellt und rüstete sich zur Heimfahrt, als die Dämmerung schon eingetreten war. Da erblickte er mitten auf seinem Acker einen Haufen feuriger Kohlen und als er voll Verwunderung hinzuging, so saß oben auf der Glut ein kleiner schwarzer Teufel. „Du sitzest wohl auf einem Schatz?", sprach das Bäuerlein. „Jawohl", antwortete der Teufel, „auf einem Schatz, der mehr Gold und Silber enthält, als du dein Lebtag gesehen hast." „Der Schatz liegt auf meinem Feld und gehört mir", sprach das Bäuerlein. „Er ist dein", antwortete der Teufel, „wenn du mir zwei Jahre lang die Hälfte von dem gibst, was dein Acker hervorbringt: Geld habe ich genug, aber ich trage Verlangen nach den Früchten der Erde." Das Bäuerlein ging auf den Handel ein. „Damit aber kein Streit bei der Teilung entsteht", sprach es, „so soll dir gehören, was über der Erde ist, und mir, was unter der Erde ist." Dem Teufel gefiel das wohl, aber das listige Bäuerlein hatte Kartoffeln gesetzt. Als nun die Zeit der Ernte kam, so erschien der Teufel und wollte seine Frucht holen, er fand aber nichts als die gelben welken Blätter, und das Bäuerlein, ganz vergnügt, grub seine Kartoffeln aus. „Einmal hast du den Vorteil gehabt", sprach der Teufel, „aber für das nächste Mal soll das nicht gelten. Dein ist, was über der Erde wächst, und mein, was darunter ist." „Mir auch recht", antwortete das Bäuerlein. Als aber die Zeit zur Aussaat kam, setzte das Bäuerlein nicht wieder Kartoffeln, sondern Weizen. Die Frucht ward reif, das Bäuerlein ging auf den Acker und schnitt die vollen Halme bis zur Erde ab. Als der Teufel kam, fand er nichts als die Stoppeln und fuhr wütend in eine Felsenschlucht hinab. „So muss man die Füchse prellen", sprach das Bäuerlein, ging hin und holte sich den Schatz.

Male zwei Bilder zu diesem Märchen!

Ihr könnt das Märchen auch spielen. Überlegt, was ihr dazu braucht!

**AB 13**

**Loblied auf die Kartoffel**

1. Her-bei, her-bei zu mei-nem Sang, Hans-jör-gel, Mi-chel, Stof-fel, und singt mit mir das fro-he Lied dem Stif-ter der Kar-tof-fel. Hei-di, hei-da, Kar-tof-feln aus A-me-ri-ka, hei-di, hei-da, Kar-tof-feln in der Schal.

2. Franz Drake hieß der brave Mann, der vor zweihundert Jahren von England nach Amerika als Kapitän gefahren. Heidi, heida …
3. Salat davon, gut angemacht, mit Feldsalat durchschossen, der wird mit großem Appetit von jedermann genossen, Heidi, heida …
4. Gebraten schmecken Sie recht gut, gesotten nicht viel minder; Kartoffelklöße essen gern die Eltern und die Kinder. Heidi, heida …
5. Von Straßburg bis nach Amsterdam, von Stockholm bis nach Brüssel kommt Johann zu der Abendsupp mit der Kartoffelschüssel. Heidi, heida …

T: Friedrich Saetler 1766–1846     M: mündlich überliefert aus Schwaben

**Kartoffeldruck**

Mit durchgeschnittenen und zugeschnittenen Kartoffeln kann man leicht bunte Drucke herstellen.

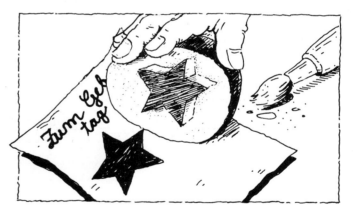

Literaturhinweis:
S. Latorre/A. Naber: Das kreative Sachbuch – Kartoffel, Als-Verlag, Dietzenbach 1996

**PRAXISTIPP:**

Arbeit mit dem Märchen

- Erzählen und besprechen.
- Ein Theaterstück erarbeiten: Drehbuch schreiben, spielen.
- Andere Früchte, die der Bauer hätte anbauen können, ausdenken.
- Künstlerische Darstellung wütendes Teufelsgesicht, zufriedenes Bauerngesicht.

# Gemüse im eigenen Garten (S. 34)
# Säen, pflanzen und pflegen (S. 35)

- Wir machen uns kundig: Obst und Gemüse auf dem Wochenmarkt und im Garten.
- Einprägen des Aussehens, der Eigenschaften und der Bezeichnungen von Obst und Gemüse mit Hilfe des Arbeitsblattes.
- Wir ordnen nach den Oberbegriffen Obst und Gemüse und differenzieren: Was wächst über der Erde? Was wächst in der Erde?

Der eigene Schulgarten oder wenigstens ein Beet für die Klasse hat in den vergangenen Jahren wieder viele Freunde gefunden. Hier können die Kinder selbst Hand anlegen, aber die Mühe ist auch groß und den Kindern wird viel Ausdauer abverlangt. Die Seiten 34 und 35 im Schulbuch geben sehr differenzierte Hinweise, wie man anfangen könnte. Aber vielleicht genügen für den Anfang einige Blumentöpfe (z.B. Getreide), ein Balkonkasten oder eine einfache Holzkiste. Werden Beete angelegt, so sollten diese anfangs klein sein.
Nun wird das ganze Vorhaben für den Lehrer eine organisatorische Aufgabe, die Kinder regelmäßig zu den notwendigen Arbeiten hinzuführen, sie anzuleiten und das Wachstum zu beobachten.
Inzwischen liegt auch reiche Literatur für diesen Bereich vor, aus der wichtige Hinweise und Anregungen zu entnehmen sind. Die Begegnung der Kinder mit den Wachstums- und Reifungsbedingungen von Gemüse und jeder Art von Nutzpflanzen lässt sich mit bleibendem Gewinn wohl nur über ein mühevolles Lernen am Objekt in die Wege leiten.

- Gemüse auf dem Wochenmarkt. Wo kommt es her? War das viel Arbeit für den Gärtner?
- Wir planen unseren eigenen kleinen Garten: pflanzen, säen, umpflanzen, pflegen ... ernten. „Der Tausendfüßler" hilft bei der Planung.
- Wir beschaffen das notwendige Handwerkszeug, die Samen und Setzlinge.
- Einen genauen Arbeitsplan herstellen: Wer macht was, wann?
- Das Wachstumstagebuch hält unsere Arbeit und das Wachstum der Pflanzen fest.

## PRAXISTIPP:

- Vielleicht findet sich unter den Eltern jemand, der die Klasse in den eigenen Garten einlädt. Das wäre ein besonderes Erlebnis.
- Wenn kein Schulgarten angelegt werden kann, besteht auch die Möglichkeit, eine Tomatenpflanze auf der Fensterbank oder im Schulflur zu ziehen.

**AB 14**

## LITERATUR

Ingrid Schweitzer (Hrsg.): Wachsen, blühen und gedeihen – Naturerkundung in der Grundschule:
- Das Klassenzimmer – ein Raum für Naturbegegnung.
- Tiere in der Klasse und auf dem Schulgelände.
- Naturerziehung in der Schulumgebung.
- Der Schulgarten in der Grundschule.
- Naturerziehung außerhalb vom Schulgelände.

Heinsberg: Agentur Dieck 1988

# Sich richtig ernähren (S. 36/37)

## INTENTIONEN

**Körper und Gesundheit**
Die Kinder lernen, wie eine vollwertige und abwechslungsreiche Nahrung zusammengestellt und zubereitet werden kann. Sie erkennen dabei, wie wichtig eine ausgewogene Ernährung für die Gesundheit ist.

| | |
|---|---|
| Richtige Ernährung ist eine wichtige Voraussetzung für Wachstum, Entwicklung, Gesundheit und Wohlbefinden von Kindern | Pflanzliche und tierische Nahrungsmittel |
| | Essgewohnheiten: Rhythmus, Auswahl, Diät, vegetarische Kost, Fast-Food |
| | Tipps für eine ausgewogene Ernährung |
| | Tischsitten |
| | Vorschläge für projektorientiertes Lernen: Gemeinsames Frühstück in der Schule |
| | Planung und Durchführung einer Pausenbrot-Aktion |

## INHALT

| | | Seite |
|---|---|---|
| Sich richtig ernähren | Aktion Pausenbrot | 36 |
| | Essen macht gesund oder krank | 37 |

**Zeitliche Einordnung**
Vor der kalten Winterzeit mit weniger Sonne und weniger Bewegung im Freien soll herausgestellt werden, wie wichtig eine gesunde Ernährung ist.

## Vorüberlegungen zum unterrichtlichen Vorhaben

Nicht selten sind in der Schule Spitznamen wie *Dicker oder Fettwanst* zu hören. Für die betroffenen Kinder ist es eine Belastung, wenn sie immer wieder wegen ihrer körperlichen Verfassung gehänselt werden. Die Allgegenwart dieser Problematik beweist die Statistik, aus der hervorgeht, dass inzwischen 25 Prozent *der Kinder übergewichtig* sind.
Wie aber kommt es dazu, dass jedes vierte Kind übergewichtig ist? Die Grundlagen des kindlichen Ernährungsverhaltens werden im Elternhaus gelegt. Viele Jahrzehnte prägte der *Nahrungsmangel der Nachkriegszeit* die Essgewohnheiten in den Familien. „Aber der Teller wird leer gegessen!" ist ein Ausspruch, der dieser Grundhaltung entspricht. Viel Zeit und Mühe wird in den Familien darauf verwandt den Kindern *gute Tischmanieren* beizubringen. Das ordentliche Essen mit Messer und Gabel und ein ruhiges Verhalten bei Tisch scheinen höhere Ziele zu sein als die Beachtung einer gesunden Ernährung.
Lange Jahre hindurch stieg beständig der Verzehr an Fleisch- und Wurstwaren, was einen *überhöhten Anteil an tierischem Fett* mit sich brachte. Dazu kam eine Vorliebe für fritierte Speisen, was ebenfalls den Fettanteil der Nahrung erhöhte. Ein zweiter Negativkomplex erwuchs aus der Geschmacksrichtung „süß". Kekse, Schokolade, Törtchen, Riegel, Schnittchen quellen in den Regalen unserer Geschäfte über. Süßigkeiten werden überall angeboten und zählen zu den Lieblingsgenüssen der Kinder. Sie alle enthalten einen *gewichtigen Zuckeranteil*. Damit sind die beiden Hauptverursacher des Übergewichts bei Kindern gefunden. Zucker und Fett heißen die „Dickmacher".
Glücklicherweise wurde in den letzten Jahren diese Gefahr deutlich erkannt; zahlreiche Stellen fordern eine Umstellung der kindlichen Ernährung auf eine *vollwertige Kost*. Mehr Ballaststoffe, mehr Vitamine und Mineralien, weniger Zucker und Fett bedeuten eine generell gesündere Ernährung. Schwerwiegende psychische Probleme stecken hinter den beiden bekanntesten Krankheitsbildern falscher Ernährung, der Fettsucht und der Magersucht. Beide bedürfen der ärztlichen Behandlung. Wie das Wort Sucht schon ausdrückt, kann hier die *Basis für andere Suchtformen* gelegt sein. Die Gefahr sollte beachtet werden, dass sich Kinder früh daran gewöhnen ihren Kummer mit Nahrung zu stillen und seelische Bedürfnisse durch Essen zu befriedigen.
Gerade die zuletzt genannten Momente sprechen für eine intensive, aber auch rücksichtsvolle Behandlung des Themas im Unterricht. Um einen positiven Einstieg in die Einheit zu ermöglichen, soll das *gemeinsame Erlebnis eines Klassenfrühstücks* am Anfang stehen. Dabei wird der/die gute Beobachter/in verschiedene Verhaltensweisen entdecken können, auf die im Laufe der Einheit näher im persönlichen Gespräch oder mit der ganzen Klasse eingegangen werden kann.
Laut Lehrplan kann sich *das biologische Wissen* über die Nahrungsmittel auf tierische oder pflanzliche Herkunft beschränken. Schwierig ist es den Kindern die Bedeutung der Ernährung für ihre Gesundheit zu verdeutlichen. *Ernährungsbedingte Gesundheitsschäden sind meist Langzeitfolgen*, deren Auftreten von den Kindern kaum mehr mit der Ursache verknüpft werden kann. Als Vermittlungsperson kann an dieser Stelle ein Dr. Fit eingesetzt werden, der als anerkannte Autorität seine Meinung vertritt. Besucht ein Arzt oder eine Ernährungsberaterin die Klasse, wird man das Buch zur Entwicklung von Fragen oder zur Vertiefung heranziehen.
Da sich eine Ernährungserziehung nicht in wenigen Schulstunden realisieren lässt, wird auf *weiter führende Aktionen wie Projekttage* verwiesen, die letztlich eine Veränderung des Ernährungsverhaltens im Schulalltag bewirken können.

# Aktion Pausenbrot (S. 36)

Natürlich kann die Schule allein durch ihren Unterricht die Essgewohnheiten der Grundschulkinder nicht ändern, aber durch praktisches Handeln, wie z.B. ein gemeinsames Frühstück und andere positive Beispiele können Denken und Handeln beeinflusst werden.

Das gemeinsame Schulfrühstück bedarf keines großen Aufwandes. Einmal als „kleines Büfett", ein anderes Mal als „Müsli-Theke" inszeniert, und wenn dabei engagierte Mütter oder Väter noch mithelfen, wird das Pausenfrühstück zu einem Fest. Aufbau und Abwasch sollten ebenfalls bei der Planung berücksichtigt werden.

An das gemeinsame Frühstück könnte sich eine intensive Aussprache anschließen:

- Warum müssen wir essen?
- Ist es egal, was ich esse und wann ich esse?
- Ich esse, wenn ich Hunger habe!
- Morgens esse ich nie etwas.
- Gemüse mag ich nicht.
- In der Pause kaufe ich mir immer süße Sachen. Etc.

Aus ernährungsphysiologischen Gründen sollte mit dem ersten und zweiten Frühstück bereits ein Drittel der Tagesenergie aufgenommen werden. Da viele Kinder vor Schulbeginn keinen Appetit haben, ist das Pausenbrot sehr wichtig; denn ohne Imbiss sinkt im Laufe des Vormittags der Blutzuckerspiegel zu stark ab und bewirkt einen Leistungsabfall, der sich als Unkonzentriertheit oder Müdigkeit äußert.

Mit Süßigkeiten würde die Blutzuckerkurve schnell wieder ansteigen, aber nach kurzer Zeit auf das alte Niveau zurückfallen. Besser sind daher Lebensmittel geeignet, bei deren Verzehr die Kurve langsam ansteigt und über einen längeren Zeitraum auf gleichem Niveau bleibt. Vor allem stärkehaltige und ballaststoffreiche Nahrungsmittel wie Vollkornprodukte, Obst und Gemüse erfüllen diese Anforderung.

- Überschrift und Bild lassen den Wunsch in der Klasse laut werden: Das machen wir genauso.
- Text und Bilder geben Anregungen, was man dazu alles mitbringen kann.
- Planung in Gruppen.
- Wie soll der Tisch vorbereitet werden?
- Berichte der Kinder: So frühstücken wir zu Hause.
- Lieblingsspeisen auflisten.
- „Was ich nicht gerne mag."
- Essgewohnheiten ansprechen und vorsichtig behandeln.
- Werbesprüche als Hefteintrag gestalten.

## PRAXISTIPP:

Um das gemeinsame Pausenbrot noch attraktiver zu machen, wäre eine richtige „Tafel" mit Geschirr besonders eindrucksvoll. Ein „Klassensatz" eines einfachen Geschirrs mit entsprechendem Besteck, das in einer Plastikbox gelagert wird und von den Klassen bei Bedarf ausgeliehen werden kann, ist empfehlenswert. Wird noch ein transportabler Zweiplattenkocher angeschafft, lässt sich schnell eine Miniküche einrichten.
Abwechslungsreicher wird das gemeinsame Pausenbrot, wenn nicht jedes Kind seine eigenen Mitbringsel aufisst, sondern wenn alles in kleine Probierhappen geschnitten und auf Tellern angerichtet wird. So ermuntert die Vielfalt der Schnittchen zum Kosten. Dieses Probieren von kleinen „Appetithäppchen" hat sich bei „empfindlichen" Kindern als hilfreich erwiesen, die auf diese Art auch bisher verschmähte Lebensmittel kennenlernen.

- Die Aussagen werden den einzelnen Personen zugeordnet.
- Die Lehrkraft informiert über die Wichtigkeit des zweiten Frühstücks.
- Pausenbrotvorschläge der Kinder werden vorgestellt und evtl. ein kleines Rezeptbuch angelegt.

**AB 15**

# Essen macht gesund oder krank (S. 37)

Den Kindern das Bewusstsein zu schärfen, mehr und mehr auf eine ausgewogene Nahrung zu achten, sollte das Ziel des Unterrichts sein.

Das allzu strenge Verurteilen der Fast-Food-Nahrung bringt für diese Zielsetzung nichts und sollte deshalb unterbleiben. Ein gutes Vorbild, ein persönlicher Rat, ein Lob bringen auf Dauer mehr Erfolg.

**AB 17**

- Gespräch über die drei Kinder führen.
- Welches Kind bekommt eine für die Gesundheit richtige Ernährung?
- Was isst du an einem Tag und wie oft?
- Einen täglichen Speiseplan erstellen.
- Begriffe klären: Fast-Food, Tiefkühlkost, Mischkost.

**Arbeitsblatt: Mein Speisenplan**

Die Kinder wählen selbst drei verschiedene Tage aus (die auf dem AB sind nur als Vorschlag zu verstehen) und notieren alles, was sie an diesen Tagen zu sich nehmen. Auch die Süßigkeiten zwischen den Mahlzeiten nicht vergessen oder das Knabbergebäck beim Fernsehen!
Später wird dann darüber gesprochen und ausgewertet.

**AB 18**

**AB 16**

### Vitamine!

Nimm A, dann siehst du fern und nah,
und B ist für das Denken da.
Das C wird dich vor Krankheit schützen
und D soll deine Knochen stützen.

58

# Lebensräume für Pflanzen und Tiere (S. 38)

## INTENTIONEN

**Natürliche und gestaltete Umwelt**
**Früher und heute**

Die Kinder entdecken in einem Lebensraum mannigfaltige Pflanzen und Tiere. Sie finden heraus, wie Lebewesen ihrem Umfeld angepasst sind. Erste Einsichten in überschaubare Zusammenhänge der Lebensgemeinschaften werden angebahnt. Die Bereitschaft wird geweckt, ökologische Verantwortung zu übernehmen.

| | |
|---|---|
| Verschiedene Pflanzen und Tiere bewohnen einen Lebensraum | Erkunden eines Lebensraumes: Wiese
Wahrnehmungsspiele: einen Lebensraum mit allen Sinnen aufnehmen (Hör-, Tast-, Riech-, Sehspiele)
Steckbrief
Vorschlag für projektorientiertes Lernen:
Gestalten und Pflegen einer naturnahen Schulumgebung
Anlegen von Wildblumenbeeten für Insekten, Steinhaufen, Totholzstapeln, Laub- und Rindenbeeten, Lehmpfützen, Bau von Nisthilfen
Pflanzen einer Hecke oder eines Gehölzes |
| Tiere sind in Aussehen und Lebensweise ihrem Lebensraum angepasst | Exemplarische Behandlung eines an seinen Lebensraum angepassten Bewohners:
Aussehen und Körperbau
Entwicklung
Untersuchen der Lebensbedingungen |
| Eingriffe des Menschen beeinflussen Lebensräume | Beispiele im örtlichen Bereich, wie Lebensräume bewahrt oder gefährdet werden (Informationen von Behörden und Naturschutzorganisationen)
Ökologie
Biotopschutz ist Artenschutz
Geschützte Pflanzen und Tiere
Vorschläge für projektorientiertes Lernen:
Aktionen zur Landschaftspflege
Übernahme von Bach- und Baumpatenschaften durch die Schule |
| Versteinerungen sind Zeugen der Tier- und Pflanzenwelt vergangener Zeiten | Entstehung von Versteinerungen (Ammoniten, Seelilien, Saurierknochen, Farne) |
| Dinosaurier | Bau eines Dinosauriers |

### Vorüberlegungen zum unterrichtlichen Vorhaben

Fernsehserien und Bilderbücher vermitteln unseren Kindern bisweilen ein verzerrtes, artfremdes Bild über Tiere und deren Lebensweise. Dies gilt es zu korrigieren. Eine direkte Begegnung beschränkt sich im Normalfall auf Haustiere. Anliegen des Unterrichts ist es, den natürlichen Lebensraum der domestizierten Tiere und die Vielfalt der Tierwelt ansatzhaft zu erschließen.

## INHALT

| | | Seite |
|---|---|---|
| Lebensräume für Pflanzen und Tiere | Lebensraum Wiese | 38 |
| | Der Löwenzahn | 40 |
| | Wo die Familie Tausendfüßler haust | 41 |
| | Bedrohter Lebensraum | 42 |
| | Vor vielen Millionen Jahren | 44 |
| | Wir bauen einen Dinosaurier | 46 |

### Zeitliche Einordnung

Ab April können Beobachtungen im Freien vorgenommen werden, die für diese Einheit unerlässlich sind. Viel Glück bei der fälligen Exkursion wünscht

*Ihr Tausendfüßler*

### Lebensraum

Tierart – Einzeltier – Tiergesellschaft
Lebensweise – Nahrung – Pflanzengesellschaft
Behausung – Fortpflanzung – Landschaft

Der Mensch hat seine Umwelt stark verändert. Deutlich ist dies an Neubaugebieten zu sehen. Der Mensch braucht Raum für Wohnhäuser, Straßen und Industrieanlagen.
Auch in Flur und Wald hat der Mensch eingegriffen. Im Zuge der Flurbereinigung sind die landwirtschaftlich genutzten Flächen für rentablen Maschineneinsatz und bestmögliche Nutzung angelegt. Ein Verlust an Streuobstwiesen, Hecken und Rainen mit der darin heimischen Artenvielfalt war die Folge.
In der Forstwirtschaft bevorzugte man groß angelegte Monokulturen, Angriffspunkte für Schädlinge, deren man sich mit chemischen Mitteln erwehrt.
Die ausgeräumten Fluren (Agrarsteppen) sprechen für sich.
Um die Kinder an diese Problematik heranzuführen, werden gut zugängliche Lebensräume in dieser Einheit besprochen. Den kleinen und winzigen Lebewesen in Garten, Park, Wald und Tümpel soll unsere Aufmerksamkeit gelten. Den Abbildungen des Schulbuchs ist zu entnehmen, wo die Tiere zu finden sind und welchen Tiergesellschaften sie angehören. Die Namen der Arten wollen wir uns einprägen.
Gemeinsam wollen wir uns Gedanken machen, wie wir zu einer Verbesserung der Lebensumstände dieser Tiere beitragen können. Eine Einteilung in nützliche und schädliche Tiere ist zu vermeiden; jedes Lebewesen erfüllt eine wichtige Aufgabe im Gleichgewicht der Natur.

## LITERATUR

**Siegfried Schmitz: Die Fisch-Uhr.**
München: Ellermann 1986 Text und Illustrationen sprechen die Kinder an. Gezielt können einzelnen Illustrationen herausgenommen werden; sie sind jeweils mit Tier- und Pflanzennamen versehen.

**Hans D. Dossenbach: Das Lexikon der Tiere.**
Luzern: Kinderbuchverlag 1997

**E.-M. Dreyer/W.U. Friedrich: Tiere am Teich.**
Stuttgart: Franck-Kosmos 1993

**Barbara Veit: Das Tierschutzbuch**
Ravensburg: Ravensburger Buchverlag 1997

**Meyers Jugendbibliothek: Im Reich der Insekten.**
Mannheim: Meyers Lexikonverlag 1997

# Lebensraum Wiese (S. 38/39)

- Die Kinder machen auf einer nahegelegenen Wiese vielfältige Sinnesübungen.
- Die Kinder verbalisieren im Anschluss an die Wahrnehmungen ihre Erfahrungen, Stimmungen und Assoziationen.

## PRAXISTIPP:

Eine kleine Aktion zur Verbesserung der Situation auf der Schulanlage kann in ein Projekt münden. Zwei oder drei Meisennistkästen, Insektennistmöglichkeiten, eine Vogeltränke, ein Komposthaufen für Laub und Rasenschnittgut lassen sich ohne große Mühen erstellen. Einheimische Sträucher wie Schlehen, Weißdorn oder Holunder sollten gepflanzt werden.
Die Klasse wird sich mit einer solchen Gemeinschaftsarbeit identifizieren und auch eine langfristige Pflege mit Interesse wahrnehmen.

Die Fernsinne, d.h. die optische und akustische Wahrnehmung, sind heute schon im Vorschulalter durch die Medien überstrapaziert: Kinder sehen und hören nicht mehr genau hin. Der Einsatz der drei Nahsinne jedoch, wie das Riechen, Schmecken und Fühlen, wird nicht ausreichend gefördert: Einen Gegenstand mit geschlossenen Augen zu erfühlen, fällt vielen Kindern schwer. Fern- und Nahsinne sind jeder auf eine andere Art geschwächt und müssen zunächst koordiniert werden. Erst aus dieser Koordination entwickelt das Kind Stärke und Kraft, die es zu Leistungen befähigt. Lehrpersonen beklagen aber nicht die unterschiedliche Lernausgangslage, sondern sie schaffen gemeinsame Lernvoraussetzungen. Vor dem Abstrakten muss das Konkrete erfahren werden. Kinder lernen am besten in Sinnzusammenhängen und nur im emotional-, erlebnis- und erfahrungsbezogenen Unterricht haben sie die Chance, entdeckend zu lernen. Vielseitige Bewegungs- und Wahrnehmungserfahrungen sind von grundlegender Bedeutung für die Persönlichkeitsentwicklung und für das Lernverhalten des einzelnen Kindes.

Kinder wollen nicht belehrt werden, sondern selbst entdecken. Sie sollen die Chance haben, im erlebnisorientierten Unterricht die Natur wahrzunehmen. Eine zu früh einsetzende Systematik der Eindrücke verhindert die emotionale Ebene des Lernens. Grundschulkinder lernen die Natur nicht über den Verstand zu verstehen. Erst nach der emotionalen Beziehung entsteht die Fragehaltung und Lernen findet auch auf kognitiver Ebene statt. Die Wiese zu einem Unterrichtsobjekt zu degradieren, kennzeichnete in den vergangenen Jahren leider die Grundschulpädagogik. Dieser Irrweg führte die Kinder nur zur halben Wahrheit.

Am Anfang eines Lernprozesses steht immer das unmittelbare Entdecken, dann im weiteren Schritt folgt das Untersuchen und Erforschen, d.h. die Sachorientierung, damit ist auch gemeint, in einem Bestimmungsbuch nachschlagen, sich über den Lerngegenstand weiter informieren. Genauso wichtig ist es aber auch, die Kreativität im Umgang mit dem Unterrichtsgegenstand zu fördern, d.h. dass die Kinder die Möglichkeit haben, ihre eigenen inneren Bilder, die sie während der unmittelbaren Begegnung auf der Wiese entwickelt haben, kreativ-produktiv umzusetzen, also ihre Gefühle in Gedichten auszudrücken, Pflanzen und Tiere in Fantasiegeschichten lebendig werden zu lassen, Bilder zu den Erlebnissen zu malen oder ihre Stimmungen und Assoziationen durch Orff-Instrumente zum Klingen zu bringen. Kinder sollen staunen können über das Leben auf der Wiese und die Natur spüren.

Die Beteiligung der Nahsinne wie das Riechen, Fühlen oder Schmecken leisten für die Wirklichkeitserfahrung einen entscheidenden Beitrag. So können Kinder Achtung vor der lebendigen Natur gewinnen, einen Baum sinnlich erfassen und Teilnahmslosigkeit, die durch das Fernsehen entstanden ist, überwinden.

Die Kinder können verschiedenen Fragen nachgehen:

- Wie sieht die Wiese an deiner Stelle aus?
- Welche Farbe hat sie?
- Kann man bestimmte Bestandteile erkennen?
- Wie fühlt sie sich an, wenn man das Gras zwischen den Fingerspitzen reibt?
- Welche Geräusche hört man dabei?
- Wie riecht das Gras?
- Warum ist sie an einer Stelle mit dichtem Gras bewachsen und an einer anderen Stelle nicht?
- Siehst du kleine Tiere?
- Was würde die Wiese erzählen, wenn sie reden könnte?

Die Reflexion der Erlebnisse und der Gefühle ist sehr wichtig. Die Kinder sollen ihre Gedanken und auch Assoziationen verbalisieren. Wichtig ist diese Versprachlichung. Die Gespräche sollen auch nicht erst in der Klasse, sondern auf der Wiese stattfinden. Die Atmosphäre soll beim Erleben und Reflektieren die gleiche sein.

Nachdem eine Rückmeldung erfolgt ist und die Fragen geklärt worden sind, sollen sich die Kinder auf den Rücken legen und die Augen schließen. Sie sollen ihren Gedanken nachgehen, sich entspannen und auf alle Geräusche achten. Nach einer Weile öffnen sie wieder die Augen und setzen sich. Jetzt erzählen sie, was sie gehört und empfunden haben.

Die Kinder können durch einen Rahmen oder Spiegel einen Teil der Wiese betrachten. Sie können aber auch eine kleine Fläche abstecken und innerhalb dieses Feldes ihre Beobachtungen machen. So wird die Aufmerksamkeit auf eine überschaubare Fläche gelenkt, denn diese Vielfalt kann auch zunächst verwirren.

# Der Löwenzahn (S. 40)

- Die Kinder legen ein Herbarium an und verfassen Steckbriefe der Wiesenblumen und Wiesengräser.
- Sie beschäftigen sich näher mit dem Löwenzahn:
  bereiten Löwenzahnquark,
  flechten einen Haarkranz,
  bauen eine „Wasserleitung" aus Löwenzahnstängeln,
  erfinden Geschichten, wie der Löwenzahn zu seinem Namen kam.

Beobachte die Pflanzen und Tiere genau. Schau sie dir auch durch eine Lupe an.
Pflücke eine Pflanze ab und nimm sie mit in die Schule.
Suche deine Pflanze in einem Bestimmungsbuch.
Fertige Karteikarten an: Presse deine Pflanze, klebe sie auf eine Karteikarte und schreibe aus dem Bestimmungsbuch wichtige Informationen ab (Höhe, Blütezeit, Pflanzenfamilie)
Zeichne die Tiere (mit Pergamentpapier aus einem Buch ab), klebe die Bilder auf eine Karteikarte und arbeite genauso.

Die Kinder erkunden in einem weiteren Schritt die ganze Wiese. Jedes Kind pflückt eine Wiesenblume oder einen Grashalm ab, nimmt seine gefundene Pflanze mit in die Klasse, schaut in einem Bestimmungsbuch nach und presst sie. Nach dem Aufkleben auf eine Pappe schreibt es den Namen dazu.
Die Kinder verfassen zu jeder Pflanze einen Steckbrief. Die Informationen dazu suchen sie aus Bestimmungsbüchern heraus.

Nun können alle Kinder gemeinsam den Löwenzahn genauer unter die Lupe nehmen. Die Lehrperson kann auch Anregungen zum Basteln und Schreiben geben.

Die Kinder haben sicher auch selbst viele Ideen.

Auch die Brennnessel hat eine wichtige Bedeutung. Z.B. können die Kinder Blätter sammeln, trocknen lassen und Brennnesseltee kochen. Zur Entwicklung von Schmetterlingen trägt die Brennnessel bei. Sie ist daher nicht als Unkraut zu sehen. Im Frühling finden die Kinder auf den Brennnesselblättern viele Raupen. Es sind die Raupen des Kleinen Fuchses oder des Tagpfauenauges. Das Verpuppen der Raupen und das Schlüpfen der Schmetterlinge kann beobachtet werden.

Ein Stück Wiese kann mit einem Spaten ausgestochen werden. So können die Schüler kleine Tiere im Wurzelbereich beobachten. In einem leeren Aquarium kann das ausgestochene Stück Wiese aufbewahrt werden und über eine Zeit durch die Glasscheiben in der Klasse beobachtet werden. Von Zeit zu Zeit soll auch etwas gegossen werden, damit die Wiese nicht austrocknet.

In der Klasse können die Kinder in zwei Holzkisten Gras aussäen. Das Gras in der ersten Kiste soll ohne Eingreifen wachsen können. Das Gras in der zweiten Kiste soll mit einer Schere immer kurz geschnitten werden. Das Gras muss immer gleich bewässert werden.

An einem warmen Sommertag können die Kinder auf der Wiese frühstücken. Sie nehmen Decken, ihren Kakao und ihr Pausenbrot mit hinaus. Nach dem Frühstück machen sie einige Spiele, singen Lieder und imitieren Tiere, die auf der Wiese leben. Die Kinder sollen die Atmosphäre auf der Wiese genießen. Sie können anschließend mit Block und Bleistift Wiesenblumen zeichnen.

In der Turnhalle kann ein Mitmachtheater gespielt werden. Alle Kinder stehen locker frei in der Halle. Der Lehrer spricht den Text und bewegt sich dazu. Alle Kinder laufen ihm nun hinterher. „Wir laufen über eine große Wiese. Das Gras steht hoch und wir müssen unsere Füße immer wieder hochheben… Jetzt kommen wir an vielen Brennnesseln vorbei. Vorsicht langsam auftreten… Nun kommen wir an eine Stelle, die hat kleine Pfützen. Wir springen jetzt von einer trockenen Stelle zur nächsten… Hier ist die Wiese durch einen Stacheldrahtzaun unterbrochen. Wir müssen ihn hochheben und langsam drunter her laufen… Jetzt laufen wir wieder ein Stück durch hohes Gras. Einen kleinen Bach müssen wir überqueren. Wir ziehen Schuhe und Strümpfe aus (pantomimisch), nehmen sie in die Hände und staksen durch den Bach. Jetzt ziehen wir Schuhe und Strümpfe wieder an und rennen das letzte Stück bis zum Schulhof."

Die Kinder ergründen die einzelnen Stockwerke der Wiese: Boden- und Wurzelbereich – der Stängel- und Blütenbereich. Tiere können den einzelnen Stockwerken zugeordnet werden. Die Wiese hat auch ihre eigene Nahrungskette. Aus Sachbüchern können die Kinder Wiesentiere heraussuchen und die Nahrungskette beschreiben.

Zum Abschluss können die Kinder ein Würfelspiel entwickeln, das einen Spaziergang über eine Wiese darstellt. Einzelne Stationen können mit Karten unterlegt werden.

**Wo die Familie Tausendfüßler haust (S. 41)**

2. Wer riecht in jede Blüte rein und schaut der Katz ins Maul? Das kann nur dieser Bursche sein, bestimmt ist der nicht faul. Der Ti-Ta-Tausendfuß ...

3. Der Tausendfuß im alten Baum, hat er denn tausend Schuh'? Ich glaub' es nicht, ich glaub' es kaum; doch hat er mehr als du! Der Ti-Ta-Tausendfuß ...

4. Drum, liebe Kinder, gebt gut Acht und wendet jeden Stein, schaut alle drunter, leis und sacht, denn dort kann er nur sein! Der Ti-Ta-Tausendfuß ...

- Das Tausendfüßlerlied führt in das Thema ein.
- Die Abbildungen der Schulbuchseite aktivieren vorhandenes Schülerwissen.
- Der Text erläutert die Arbeit des Tausendfüßlers: Er erzeugt Humus, den nährstoffreichen Bodenbestandteil.
- Bei einem Lerngang werden Lebensräume aufgesucht, die eine originale Begegnung ermöglichen. (Prüfen!) Mit Hilfe eines Spatens einzelne Bodenschichten nachweisen.
- Etwas Laub in die Schule mitnehmen, manuell zerkleinern, mit Erde in einen Blumentopf geben und eine Pflanze einsetzen. Nach einigen Wochen ins Freie pflanzen. Die Ergebnisse sollten in einer Langzeitbeobachtung festgehalten werden.
- Die Stationen des natürlichen Kreislaufs werden besprochen.

Auf laubreichem Boden kann man unter Erdkrümeln und unter Steinen den Tausendfüßer entdecken. Häufig lebt er in Gesellschaft der räuberischen Steinkrieche, die mit ihren Mundwerkzeugen Kleinlebewesen zernagen, während der Tausendfüßer auf pflanzliche Nahrung angewiesen ist. Er vermehrt sich durch Eier, aus denen sich die bis zu vier Zentimeter großen Schnurfüßer entwickeln. Seine Arbeit verrichtet er am und im Boden, dem Ausgangspunkt der Nahrungskette, an deren Ende der Mensch steht. Die Fruchtbarkeit des Bodens ist vom Humusgehalt abhängig, zu dessen Qualität wiederum der Tausendfüßer beiträgt. Er zerlegt die organischen Abfallstoffe von Pflanzen und Tieren so, dass die Stickstoff- und Schwefelverbindungen und Nährsalze den Pflanzen wieder als Nahrung zur Verfügung stehen. Ferner tragen diese Stoffe zur Krümelstruktur und Wasserspeicherfähigkeit des Bodens bei. Schon ein wenig Humus, an dessen Entstehung unser Recyclingspezialist mitgewirkt hat, garantiert fruchtbaren Boden.

Übrigens:
- Kunstdünger reduziert die Anzahl der Kleinlebewesen.
- Als Folge gehen Krümelstruktur und Wasserspeicherfähigkeit weit gehend verloren.
- In Hanglagen werden jährlich viele Tonnen Erde weggeschwemmt. Humusproduktion erfolgt nicht mehr.
- Landstriche versteppen.

Gelingt es den Kindern Einsicht in diese Vorgänge zu vermitteln, wird ihre Achtung für unscheinbare Tiere wie den Tausendfüßer steigen. Dies wäre sicher ein schöner Erfolg.

Ein Tausendfüßer oder eine Schnecke lassen sich in der Schule intensiv beobachten.
Als Aufbewahrungsort eignet sich ein durchsichtiger Kunststoffbehälter, ein Terrarium oder ein Aquarium. Ein Tausendfüßer begnügt sich mit einer kleinen Menge Waldboden, angereichert mit Laub. Einige Wassertropfen und ein Stein (als Versteck) vervollständigen die Einrichtung.
Eine Schnecke braucht etwas Moos oder Gras als Untergrund und einige Ästchen als Klettergerüst. Grünzeug dient als Futter.
Bitte beachten: Eine Schnecke will mehr Feuchtigkeit als der Tausendfüßer.
Viel Spaß beim Beobachten!

**AB 19** Zur Wiederholung des Wiederverwertungs-Kreislaufes

**Medien:** 1051254 Tausendfüßler

# Bedrohter Lebensraum (S. 42/43)

- Rollenspiel: Wer ist für die neuen Häuser und die Straße?
  (Geschickt wäre eine Tonaufnahme dieses ersten Gespräches!)
- An der Tafel werden anschließend Argumente für und gegen den Straßenbau gesammelt.
  Die Argumente werden auf der Abbildung lokalisiert.
- Ein zweites Rollenspiel zeigt, welche neuen Gründe hinzugefügt werden können.
- Auf dem Ausstellungstisch werden Berichte und Bilder zum Thema Umweltschutz gesammelt, markiert und mit Überschriftsblättern versehen.
- Ein Naturschützer kommt in die Klasse und nimmt zu einigen problematischen Situationen in Schulnähe Stellung.
- Die Klasse plant eine „kleine Aktion", um etwas Positives für die Umwelt zu leisten.

**AB 20**

### Bedrohter Lebensraum

Damit Umweltfragen künftig den ihnen zustehenden Stellenwert erhalten, wollen wir uns alle bemühen unsere Kinder in der Schule mit der nötigen Sensibilität auszustatten, dass sie einmal positive Entscheidungen zu Gunsten unserer vernetzten Umwelt treffen.

In jeder Sekunde werden in der BRD 17 Quadratmeter Land überbaut, auf das Jahr summiert verschwindet so ein Gebiet von der Größe des Bodensees unter Wohngebäuden, Gewerbegebieten und Straßen. Schädliche Emissionen wie Auto-, Heizungsabgase und Abwässer bedeuten eine zusätzliche Belastung. Obwohl die Bevölkerungszahl stagniert, wird weiter Lebensraum zerstört.

Wie gedankenlos in den letzten Jahrzehnten verfahren wurde, zeigt, dass auch die Land- und Forstwirtschaft zu den Lebensraumzerstörern zählen. Unter Flurbereinigung verstehen wir verschiedene Maßnahmen, die der landwirtschaftlichen Produktionssteigerung dienen, etwa Entwässerung, Heckenrodung, Wegebau, Beseitigung von Streuobstbeständen, Schaffung größerer Felder, Umwandlung von Brachland in Wirtschaftsland.

Die maschinengerechte Gestaltung der Feldflur ließ Wegraine, Feldgehölze, Gräben, Steinwälle, Hohlwege und andere Kleinstrukturen unserer Landschaften verschwinden. Die ausgeräumte Flur verkommt zur Agrarsteppe, auf der Mineraldünger und Biozide das unselige Werk fortsetzen.

Selbst die Forstwirtschaft trug mit Monokulturen und der Aufforstung von Heiden und Feuchtgebieten zur Zerstörung von Lebensräumen bei. Besonders deutlich sichtbar wurde die Zerstörung von Lebensraum im Bereich der Wasserwirtschaft. Es wurde kanalisiert, verbaut und verrohrt. Schnurgerade durchziehen die Bäche in ihren gemauerten Becken die Landschaft. Erst heute beginnt man die schlimmsten Sünden durch einen naturnahen Ausbau wieder zu beseitigen.

Und nicht zuletzt hat jeder einzelne viel zur Zerstörung von Lebensräumen beigetragen. Wanderparkplätze, Trimmanlagen, Wildgehege, Badestege, Seilbahnen haben die Lebensräume der wild lebenden Kulturflüchter eingeengt. Hobbyfotografen betreten Magerwiesen rings um einen Orchideenstandort, Wassersportler stören brütende Enten im Schilf, Skilangläufer jagen Wild im Winter auf, das unnötig seine Fettreserven auf der Flucht verbraucht.

Die Roten Listen der gefährdeten Pflanzen- und Tierarten nehmen an Umfang zu. Eine Umkehrung ist dringend geboten.

**Da bei der Behandlung dieses Bereiches die fächerübergreifende Thematik der Umwelterziehung zu Grunde liegt, können gerade für Rollenspiele oder Gestaltung von Ausstellungsplakaten Stunden der Fächer Sprache und Kunst in Anspruch genommen werden. Eine intensive Beschäftigung entspricht auch der Bedeutung der zu behandelnden Fragen in unserem Leben.**

# Das Leben im Jurameer vor vielen Millionen Jahren (S. 44/45)

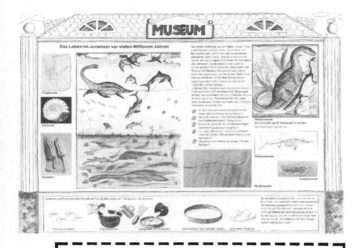

**Das Leben im Jurameer vor vielen Millionen Jahren**

Ganz nach dem Geschmack der Kinder wäre eine abenteuerliche Entdeckungsreise in Steinbrüche, zu Gesteinsaufschnitten bei Straßenbauten oder Tiefbaumaßnahmen, zu Höhlen oder zu den Lagerhalden der Kiesgruben. Dort werden Fossiliensucher fündig und entdecken die versteinerten Überreste von Tieren und Pflanzen. Leider sind solche Unternehmungen an den meisten Orten nicht möglich, so dass ein Sammlungsstück oder das Buch das eigentliche Erlebnis ersetzen muss. Schade!

Seltener sind Funde aus der Zeit des Trias (Buntsandstein, Muschelkalk, Keuper) vor 205 bis 230 Millionen Jahren, dessen Gesteine vor allem in den Gäulandschaften anstehen.

In den jüngeren Schichten der Erdneuzeit, die vor allem von den Eiszeiten geprägt sind, interessieren die vereinzelten Knochenfunde nur Wissenschaftler, die daraus wesentliche Informationen über die Verbreitung der einzelnen Tierarten entnehmen.

Für die Wissenschaft bedeutsame Funde sind durch das Denkmalschutzgesetz geschützt. Sie müssen beim Landesdenkmalamt angezeigt werden und gehen in den Besitz des Landes über. Im Denkmalschutzgesetz von 1972 heißt es: „Durch den Begriff Kulturdenkmal werden Bau- und Boden-, bewegliche und unbewegliche Kulturdenkmale erfasst, wobei es unerheblich ist, ob sie von Menschenhand geschaffen sind oder nicht." Seltene Versteinerungen von Pflanzen oder Tieren fallen ebenso unter diesen Begriff wie etwa die Überreste vom Skelett vorzeitlicher Tiere.

Um so erstaunlicher sind die Ergebnisse dieser mühevollen Forschungsarbeit, die einen detektivischen Spürsinn erfordert um aus den gewonnenen Einzelergebnissen ein Gesamtbild zu entwerfen. Dieses faszinierende Wissenschaftsgebiet kann für unsere Grundschüler nur angedeutet werden. Wenn die Hand einen Ammoniten umschließt, so ist der emotionale Wert dieser Begegnung mindestens ebenso hoch einzuschätzen wie der kognitive.

- Die Doppelseite lebt von dem Vergleich der nachempfundenen Abbildungen und der Versteinerungen. Durch genaues Betrachten werden Einzelheiten erkannt wie Kopfform, Schwanzlänge, die zum Wiedererkennen beitragen.
  Die schwierigen Namen werden mehrfach vorgelesen.
- Fossilien werden gezeigt um zumindest ein Original zu bewundern.
- Der Text erzählt, wie die Fossilien entstanden sind.
- Eine kurze Beschreibung, wo und wie Funde gemacht werden, übernimmt die Lehrkraft.
- Gibt es eine Fundstelle in der Nähe, so sollten die Kinder auch einmal „klopfen" dürfen, Steine sammeln, umdrehen, mit dem Hammer teilen.
- Ein Museumsbesuch erlaubt eine konkrete Anschauung an hervorragend präparierten Fundstücken.
- Eine Gesteinsart heißt Muschelkalk. Warum? Erkläre!

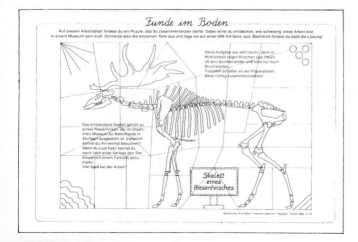

- Mit diesem Puzzle soll ein klein wenig die Entdeckerfreude, der Spürsinn, nachempfunden werden, der die Forscher beseelt.
- Da die Aufgabe recht schwierig ist, darf nach mehreren Versuchen in Partner- oder Gruppenarbeit weitergearbeitet werden.

**AB 21**

# MEDIEN

**Wolfgang Lippert: GU Maxi-Kompass Blumen.**
München: Gräfe und Unzer
230 Naturfarbfotos der schönsten Blumenarten in Feld, Wald und Wiese. Präzise, leicht verständliche Bestimmungstexte.

**Helga Hofmann: GU Kompass Gartenvögel.**
München: Gräfe und Unzer
Kompass mit lebendigen Naturfarbfotos und Bestimmungstexten. Dazu praktische Ratschläge für Nisthilfen im Garten, artgerechte Winterfütterung und Aufzucht von Findelkindern. Auch für Kinder gut geeignet.

**Wolfang Lippert: GU Kompass Wiesenblumen.**
München: Gräfe und Unzer
Zauberhafte Naturfotos informieren über die schönsten Blütenpflanzen aus Natur- und Kulturwiese: über Aussehen, Standort, Blütezeit, Verbreitungsgebiet. Das ideale Einsteigerbuch – auch für Kinder geeignet.

**Mannfried Pahlow: GU Kompass Kräuter und Wildfrüchte.**
München: Gräfe und Unzer
Wilde Kräuter, Beeren und Früchte sind mit diesem Kompass leicht zu bestimmen.

**Bildmaterial und Tierposter sind erhältlich bei:**
Ministerium für Ländlichen Raum, Ernährung, Landwirtschaft, Umwelt und Forsten, Kernerplatz 10, 70182 Stuttgart Tel.: 0711/1260

## Aus dem Medienkatalog

3203236  Lebensraum Hecke
16 mm, 16 Min., Farbe, 1980, FWU

3202398  Die Kohlmeise
16 mm, 12 Min, Farbe, 1973, FWU

3203586  Die Erdkröten-Laichwanderung
16 mm, 13 Min., Farbe, 1984, FWU

1051748  Froschlurche
29 Dias

4280650  Die Wiese

4280651  Der Wald

4281036  Über-Leben in zwei Welten

**Schreiber Naturtafeln**
**Justus Perthes Verlag**
Justus-Perthes-Str. 3–5,
99867 Gotha, Tel.: 03621/385-0

Es handelt sich um ein hochwertiges Unterrichtsmaterial.

Lieferbare Tafeln:

### Vögel

Einheimische Singvögel
Einheimische Singvögel in Feld und Flur
Einheimische Singvögel in Park und Wald
Vogelwelt im Sommer
Vogelwelt im Winter
Gefiederte Gäste
Vögel an nördl. Meeresstränden
Tag- und Nachgreifvögel
Blick aus dem Fester

### Tiere und ihre Umgebung

Leben im See
Leben am See
Der Bach
Das Hochmoor
Der Tropische Regenwald
Der Garten
Die Heide
Der Feldrain

### Fische und Saurier

Mitteleuropäische Süßwasserfische
Seefische
Dinosaurier
Flug-, Paddel- und Fischsaurier

### Säugetiere und Waldtiere

Wale
Waldtiere 1
Waldtiere 2
Beliebte Hunderassen aus aller Welt
Pferderassen der Welt

### Nützlinge

Nützlinge des Gartens
Einheimische Schmetterlinge – Tagfalter
Nachfalter
Geschützte einheimische Tiere
Bedrohte und geschützte Tiere

### Pflanzen

Mitteleuropäische Pilze 1
Mitteleuropäische Pilze 2
Alpenpflanzen
Wiesenblumen
Einheimische Heilpflanzen
Einheimische Giftpflanzen
Einheimische Orchideen
Geschützte Pflanzen 1
Geschützte Pflanzen 2
Pflanzen, von denen wir leben
Küchenkräuter von A-Z
Einheimische Laubbäume
Einheimische Nadelbäume und Sträucher
Exotische Früchte

# Wir bauen einen Dinosaurier (S. 46/47)

Schulisches Lernen wird zum natürlichen Lernen, wenn der Inhalt zur Sache der Kinder wird. Grundschulkinder spüren im handlungs- und produktorientierten Unterricht den Dinosauriern nach. Zuerst sammeln die Kinder alle Fragen, die sie im Zusammenhang mit diesem Thema haben. Nun teilen sie die Fragen nach Bereichen auf. Jeder Bereich wird von einer Gruppe bearbeitet. In Sachbüchern und Lexika sucht jede Gruppe nach Antworten auf diese Fragen. Danach stellen alle Gruppen ihre Ergebnisse vor. Schließlich bauen alle zusammen ihren eigenen Saurier und bekommen auf diese Weise einen Einblick in die frühere Zeit. Die scheinbar so komplizierten Namen der verschiedenen Saurier lernen die Kinder so ganz nebenbei. Sie erstellen aus den Zeichnungen Puzzle- oder Ratespiele zu Sauriern. Darüber hinaus können sie ein Würfelspiel durch das Saurier-Land herstellen, das als Freiarbeitsmaterial auch über die Zeit der Bearbeitung hinaus in der Klasse verbleibt.

- Die Kinder informieren sich an Hand von Sachbüchern über die verschiedenen Saurierarten.
  Sie erstellen Steckbriefe von den einzelnen Saurierarten und kleben sie auf Tonpapier.
- Jedes Kind gestaltet mit Knetmasse einen Saurier nach. Auf einem großen Holzbrett werden alle Produkte zu einem Saurierpark zusammen gestellt.
- Die Kinder vergleichen die einzelnen Saurierarten. Sie bestimmen den Saurier, den die Kinder auf der Doppelseite im Buch hergestellt haben.
- Aus Holzleisten, Draht, Zeitungspapier und Tapetenkleister erstellen die Kinder einen Saurier ihrer Wahl. Sie lassen ihn einige Tage trocknen. Dann malen sie ihn mit Abtönfarbe an.

### Schlafstörung

Ein kleiner Dino war empört.
Er fühlte sich im Schlaf gestört.
Es knackte, krachte stundenlang.
Dem Dino wurde angst und bang.

Es stöhnte, schnaubte immer mehr.
Voll Sorge blickte er umher.
Die Töne klangen nicht gesund,
doch da entdeckte er den Grund.

Vorbei war schnell der erste Schreck.
Auch Not und Ängste waren weg.
Dicht neben ihm zerbrach ein Ei.
Ganz langsam knackte es entzwei.

Und peu à peu guckte hervor
ein Brontosaurus-Junior.
Noch ganz zersaust, noch müd und matt
er seine ersten Schritte tat.

Der kleine Dino staunte sehr:
„Hier herrscht ja heute viel Verkehr."
und hoffte, dass ihn nächste Nacht
nicht noch ein Saurus wachgemacht.

(Edelgard Moers)

---

Wir erstellen ein Dinosaurier-Würfelspiel

- Klebe einige Saurier-Figuren auf einen Bogen Tonpapier. Male noch die Landschaft dazu.
- Verbinde die Saurier mit aneinander gereihten Klebepunkten oder mit gezeichneten Punkten (Schablone).
- Lege Start und Ziel fest.
- Überlege, was an den einzelnen Stationen gefragt werden kann. (z.B. Wann lebte der Brontosaurus, wie sah er aus und was fraß er? Wenn du die Fragen beantworten kannst, darfst du drei Punkte weiter gehen.) Schreibe die Fragen und das, was bei richtiger und bei falscher Antwort passiert, auf Stationskarten).
- Schreibe alle Regeln auf, die für das Spiel von Bedeutung sind (Wer mit dem Spiel beginnen kann, wieviel Mitspieler es hat, ob bei sechs Punkten noch einmal gewürfelt werden kann, wo die Stationskarten liegen, etc.).
- Überlege, wie das Spiel vor Abnutzung geschützt werden kann (überziehen mit Folie oder laminieren) und suche einen passenden Behälter für die Karten.
- Jetzt kannst du das Spiel mit deinem Partner oder mit den Kindern in deiner Gruppe spielen.
- Das Spiel kann auch nach Bearbeitung des Themas als Freiarbeitsmaterial in der Klasse bleiben.

# Das Wetter (S. 48–51)

## INTENTIONEN

**Wetter und Jahreszeiten**
Verschiedene Wettererscheinungen regen die Kinder an, selbst Wetterbeobachtungen anzustellen. Sie erkennen, wie das Wetter den Alltag und das Befinden der Menschen beeinflusst und wie sich diese darauf einstellen.

| Das Wetter zeigt verschiedene Erscheinungsformen | Windstärke und -richtung, Luftströmungen |
| --- | --- |
| | Temperatur, Bewölkung, Niederschlag |
| | Wasser als Eis, Hagel, Regen, Nebel |
| | Bau einfacher Messinstrumente zur Wetterbeobachtung |
| | Eigene Wetterbeobachtungen über kurze Zeiträume Wettervorhersagen |
| Das Wetter beeinflusst das Leben der Menschen | Einfluss des Wetters auf Arbeit, Freizeit, Kleidung, Wohnung, Ernährung, Gesundheit |

| | | Seite |
| --- | --- | --- |
| **Das Wetter** | Wetterpropheten | 48 |
| | Wir bauen unsere eigene Wetterstation | 50 |

## Zeitliche Einordnung

Wetterbeobachtungen sind erst interessant, wenn sie über eine längere Zeitspanne durchgeführt werden, in regelmäßigen Abständen während des ganzen Schuljahres oder über mehrere Schuljahre hinweg. Im Stoffverteilungsplan des 3. Schuljahres bietet sich die Übergangszeit vom Winter zum Frühling zur vertieften Behandlung des Themas besonders an, also in den Monaten März und April.

## Vorüberlegungen zum unterrichtlichen Vorhaben

Die Lehre vom Wetter und Klima, die Meteorologie, bezieht sich auf die Gesetzmäßigkeiten, die den jeweiligen Zustand unserer Atmosphäre bestimmen. Besonders wichtig sind dabei die Position der Erde im Sonnensystem, die Geschwindigkeit der Erde in der Umlaufbahn um die Sonne, ihre Rotationsachse und die Zusammensetzung und der Aufbau der Atmosphäre. Die Wechselwirkungen dieser verschiedenen Faktoren verursachen die Jahreszeiten, die Klimaverteilung auf der Erde und die täglichen Wetterschwankungen. Wetter ist der Zustand der Atmosphäre zu einem bestimmten Zeitpunkt, an einem bestimmten Ort, wie er durch die Größe der meteorologischen Elemente (Luftdruck, Lufttemperatur, Luftfeuchte, Wind usw.) und ihrem Zusammenwirken gekennzeichnet ist.

Unter **Luftdruck** versteht man das Gewicht der Atmosphäre. Da die Luft gasförmig ist, übt sie ihren Druck, der etwa 10 000 Kilogramm je Quadratmeter beträgt, in alle Richtungen aus. Barometer messen den Luftdruck häufig als Länge einer Quecksilbersäule. Der Meteorologe gibt den Luftdruck in Millibar an, wobei 1000 Millibar einer Quecksilbersäule von 76 Zentimeter Länge entsprechen. Der Druck wird sowohl auf der Erdoberfläche als auch in höheren Schichten der Troposphäre gemessen, um die Gestalt und voraussichtliche Bewegung der Wettersysteme zu bestimmen und festzustellen, ob sie sich verstärken oder eher nachlassen.

Die Kontinente erwärmen sich im Sommer gegenüber den Ozeanen, was in der Regel zu tiefem **Druck** über ihnen führt. Im Winter ist entsprechend die Abkühlung mit hohem Druck verbunden.

Der **Wind** ist das ausgleichende Element zwischen hohem und tiefem Luftdruck und weht um so stärker, je größer die Luftdruckunterschiede sind. Bei nicht rotierender Erde würde der Wind entsprechend dem Luftdruckgefälle kataraktartig vom „Hoch" nach dem „Tief" wehen. Die Erdrotation bewirkt jedoch das Ablenken des Windes (nach rechts auf der Norderdhälfte, nach links auf der südlichen Erdhälfte).

Die Festlegung der Windrichtung erfolgt mit der Wetterfahne oder dem Windsack. Dabei gilt immer als Richtung, woher der Wind weht. Als Maßeinheit des Windes gilt die Beauford-Skala mit den Stärken 1 bis 17. Während im Klimadienst die Windstärke in der Beauford-Skala gemessen wird, wird im Flugwetterdienst der „Knoten" zur Geschwindigkeitsmessung herangezogen (1 Knoten = 1 Seemeile = 1852 m).

Obwohl man **Wolken** als Einzelgebilde verstehen kann, ist ihr ständiges Entstehen und Zerfallen am Himmel auch ein sichtbares Zeichen für den Zustand der Atmosphäre. Wolken bilden sich, wenn Luft unter ihren Taupunkt abkühlt. Dieser Vorgang beginnt gewöhnlich dann, wenn in einem Gebiet auf der Erdoberfläche die Luft erwärmt wird. Da diese warme Luft im Vergleich zur darüber liegenden kalten Luft weniger dicht ist, steigt sie als Luftblase auf. Während die Luft aufsteigt, dehnt sie sich aus und kühlt dabei ab. Schließlich kühlt sich die aufsteigende Luftblase bis zu ihren Taupunkt ab und der in ihr enthaltene Wasserdampf kondensiert um die winzigen in der Luft vorhandenen Staub- und Salzteilchen herum zu Wassertröpfchen oder Eiskristallen. Dann erreicht die Luftblase die Höhe, wo sie zu kalt und zu schwer ist um noch weiter steigen zu können und schwebt als Wolke am Himmel.

# Das Wetter (S. 48–51)

**Nebel** besteht aus winzigen Tröpfchen flüssigen Wassers. Er bildet sich, wenn Luft unter ihren Taupunkt abgekühlt wird und daraufhin ein Teil des in ihr enthaltenen unsichtbaren Wasserdampfes zu Wassertröpfchen kondensiert. Nebel ist eigentlich eine Art Wolke und unterscheidet sich nur durch die Art des Zustandekommens; eine Wolke bildet sich, wenn Luft aufsteigt und abgekühlt wird, während Nebel sich bildet, wenn die Luft in der Nähe des Erdbodens abkühlt. Nebel bildet sich am ehesten über feuchten Oberflächen, über kleinen Seen, Wiesen oder noch regennassem Boden.

**Regen** und **Schnee** ist Niederschlag, der aus den Wolken fällt. Man unterscheidet Landregen, Starkregen und Regenschauer.

Der **Regenbogen** ist ein optischer Effekt, der als Bild im Auge des Betrachters an einem bestimmten Ort und zu einer bestimmten Zeit entsteht. Wenn Licht durch einzelne Regentropfen hindurchgeht, ändert sich durch die unterschiedliche Dichte der Stoffe die Lichtgeschwindigkeit der Strahlen. Sie werden gebeugt oder gebrochen und in farbige Streifen aufgefächert. Wenn die Sonne nahe am Horizont steht, bildet der Regenbogen einen Halbkreis; je höher die Sonne am Himmel steht, um so flacher ist er.

**Das Wetter** hat die Geschichte der Menschheit entscheidend beeinflusst. Die grundlegenden Bedürfnisse nach Nahrung und Wohnung hat der Mensch in Abhängigkeit vom Wetter befriedigen gelernt. Ganze Kulturen entstanden und gingen unter im Zusammenhang mit Klimaveränderungen, Dürrekatastrophen und Überschwemmungen. Die Völker der gemäßigten Zonen haben dank eines günstigen Klimas eine herausragende Rolle in der Geschichte der Menschheit spielen können. Die Zukunft auch unserer modernen Welt hängt von den Entwicklungen des Klimas ab (Ozonloch; tropische Regenwälder usw.).

Je nach Jahreszeit werden die Schüler des 3. Schuljahres mit Sonne, Wind, Regen, Schnee, Nebel konfrontiert. Im Unterricht kann von diesen unterschiedlichen Erfahrungen und Beobachtungen der Kinder ausgegangen werden. Das „Vorwissen" über die Entstehung von Wettererscheinungen und deren Einfluss auf den Menschen soll durch gezielte Beobachtungen erweitert, geordnet und begründet werden. Der Einstieg in das Thema „Wetter" erfolgt am besten über die Vorerfahrungen der Schüler anlässlich eines konkreten Vorhabens der Klasse (Wandertag, Fest). Für Schüler bieten sich vielfältige Aktivitäten an: schriftliches Notieren von Wetterberichten der Medien, alte Wetterregeln sammeln, Rollenspiel für Wetterwünsche verschiedener Berufe, eigene Wetterbeobachtungen durchführen.

Nach einer ersten Vorinformation sollen Kinder Fragen zum Thema sammeln. Hierzu und zur Beantwortung dieser Fragen kann spezielle Literatur helfen (siehe Literaturhinweise), Kinderlexika und das kleine Buch „Was Kinder über das Wetter wissen wollen" (Süddeutsche Verlagsanstalt Ludwigsburg 1980). Aus Letzterem sind folgende Fragen entnommen:

> Was macht das Wetter?
> Warum ist der Himmel blau?
> Was sind Wolken?
> Wie groß ist die größte Wolke?
> Woher kommt der Regen?
> Kommt aus jeder Wolke Regen?
> Kann man der Wolke ansehen, was drin ist?
> Warum sind manche Wolken weiß und manche schwarz?
> Könnte ich auf der Wolke laufen?
> Wohin gehen die Wolken?
> Ist das Regenwasser nicht mal zu Ende?
> Wo bleibt der Regen?
> Wer pustet den Wind?
> Woher kommt der Regenbogen?
> Was ist Nebel?
> Warum sind manche Hagelkörner so dick?
> Woher kommt der Sturm?
> Warum gibt es im Sommer so viele Gewitter?
> Warum ist der Blitz so zackig?
> Woher weiß der Mann im Fernsehen, wie das Wetter wird?

# Wetterpropheten (S. 48/49)

- Vorinformationen und begriffliche Klärungen.
- Wettervorhersagen anhören und mit dem tatsächlich eingetretenen Wetter vergleichen.
- Bestimmte Naturerscheinungen (Wolkenformationen, Verhalten von Tieren und Pflanzen, Zustand der Luft oder Gerüche) als „Wetterpropheten" kennenlernen.
- Bauernregeln erfragen und aufschreiben.
- Informationen über die Entstehung von Wettervorhersagen aus Sachbüchern entnehmen.
- Das Wetter bestimmt unser Verhalten. Wir müssen uns darauf einstellen! Wie verhalten wir uns bei
  - sonnig-warmem Wetter? (baden …)
  - windig-warmem Wetter? (Drachen steigen lassen …)
  - Regenwetter? (im Zimmer spielen! Regenschirm mitnehmen …)
  - Frost? (sich warm anziehen …)
  - Schnee? (Schlitten fahren …)

## Bauernregeln

Ist der Mai kühl und nass,
füllt's dem Bauern Scheun und Fass.

Kriechen die Einhörnchen bald zu Nest,
wird der Winter hart und fest.

Wenn abends dichter Nebel liegt,
dann das schöne Wetter siegt.

Wenn die Schwalben tief fliegen,
lässt der Regen nicht auf sich warten.

Wird's nach dem Neumond am nächsten Tag regnen,
wird solches die ganze Mondzeit begegnen.

Wenn fremde Wandervögel nahn,
deutet das große Kälte an.

Ziehen die Wolken dem Wind entgegen,
gibt's am andern Tag Regen.

Regenbogen am Morgen
macht dem Schäfer Sorgen;
Regenbogen am Abend
ist dem Schäfer labend.

Gibt Ring oder Hof sich Sonn' oder Mond,
bald Regen und Wind uns nicht verschont.

Der Wind, der sich mit der Sonne erhebt und legt,
bringt selten Regen.

### Der Regenbogen

Ein Regenbogen,
komm und schau!
rot und orange,
gelb, grün und blau!

So herrliche Farben
kann keiner bezahlen,
sie über den halben
Himmel zu malen.

Ihn malte die Sonne
mit goldener Hand
auf eine wandernde
Regenwand.

*Josef Guggenmos*

Aus: Josef Guggenmos: Was denkt die Maus am Donnerstag. Recklinghausen: Georg Bitter Verlag 1967

Bauernregeln können sehr alt sein. Durch Beobachtung von Natur und Tierwelt kamen die Menschen zu gültigen Rückschlüssen und hielten ihre Erfahrungen und Beobachtungen in sogenannten Bauernregeln fest.

### PRAXISTIPP:

Bei Sonnenschein kannst du einen **Regenbogen** auch selber machen; du brauchst nur einen Gartenschlauch mit einer feinen Düse.
Wie musst du zur Sonne und zu den Wassertröpfchen stehen, um den Regenbogen zu sehen? Welche Farben lassen sich beobachten? Male einen Regenbogen! Achte auf die Reihenfolge der Farben!

# Wetterpropheten (S. 48/49)

- Ob das Wetter wohl mitmacht? Wir brauchen „schönes" Wetter für unseren Wandertag, unser Fest ...!
- Nicht alle Leute wollen dasselbe Wetter!

**Rollenspiel:** Gärtner, Hausfrau, Bauer, Lehrer, Schüler, Maurer ...

**Jean Pierre Verdet/Henri Galeron:**
Wind und Wetter
Ravensburg: Ravensburger Buchverlag Otto Maier 1986
(Ravensburger Taschenbuch Nr. 8316)

**Wind und Wolken/Wer macht das Wetter?**
Meyers Jugendbibliothek. Mannheim: Bibliographisches Institut 1995

**Ernst Neukamp:**
Wolken-Wetter-Kompaß
Wetterprognose mit Wolken- und Wetterbildern. München: Gräfe und Unzer 1996

**Günter D. Roth:**
Wetterkunde für alle
München: BLV, 7. Aufl. 1995

**Das kleine Buch der alten Bauernregeln**
München: Heyne-Verlag 1996

### April

April! April! Der weiß nicht, was er will!
Bald lacht der Himmel klar und rein,
bald schaun die Wolken düster drein,
bald Regen und bald Sonnenschein,
was sind mir das für Sachen,
mit Weinen und mit Lachen
ein solch Gesäus' zu machen!
April! April! Der weiß nicht, was er will!

Oh weh, o weh! Nun kommt er gar mit Schnee,
und schneit mir in den Blütenbaum,
in all den Frühlingswiegentraum!
Ganz gräulich ist's – man glaubt es kaum!
Heut Frost und morgen Hitze,
heut Reif und morgen Blitze,
das sind so seine Witze!
O weh, o weh! Nun kommt er gar mit Schnee!

*Heinrich Seidel*

Das Wetter bestimmt das Verhalten aller Menschen, sie fühlen sich wohl oder müde, ziehen sich warm oder leicht an, gehen an die frische Luft oder sitzen hinter dem Ofen, essen Eis oder Bratäpfel ... Auch dieser Aspekt sollte in dem Zusammenhang angesprochen werden

### „Pflanze nie vor der kalten Sophie!"

Die „Eisheiligen" beginnen regional verschieden am 11. oder 12. Mai mit den Namenstagen von Mamertus oder Pankratius und enden am 15. mit Sophia. Nächtlicher Frost ist nicht ausgeschlossen.

**April** — Melodie und Text: Hans Poser

A - pril, A - pril, der macht, was er will!
Son - nen - strahl, Re - gen - fall, Ha - gel - schlag,
Ne - bel - tag, und in un - serm Wet - ter - haus:
Männ - lein rein, Weib - lein raus! Ach, was ist das
für ein Graus! Nun fängt es gar noch an zu schnei - en!

Aus: Hans Poser: Der fröhliche Kinderkalender. Boppard: Fidula 1986

# Wir bauen unsere eigene Wetterstation (S.50/51)

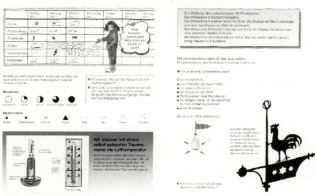

Gerade das Thema „Wetter" bietet sich besonders beispielhaft für handelnden Unterricht an. Die Schüler können selbstständig Informationen einholen und sammeln, beobachten, basteln, messen, vergleichen, Tabellen anlegen usw. Um die im Handel erhältlichen Messinstrumente benützen und einschätzen, aber auch um die Wetterberichte öffentlicher Medien verstehen zu können, ist es notwendig, dass die Schüler elementare Überlegungen anstellen. Dies geschieht in Auseinandersetzung mit selbsterfundenen Wetterbeobachtungsinstrumenten und Messgeräten. Hier erarbeiten sie sich die sichere Handhabung grundlegender Erfahrungs- und Wissenselemente: Windrose, Wolkenformationen, Niederschlagsmengen, Wärme- und Kälteunterschiede, Sonneneinstrahlung. Je durchdachter die Instrumente, desto durchschaubarer die Wetterzusammenhänge.

Den Schülern wird sowohl Sorgfalt bei der Beobachtung abverlangt als auch Ausdauer. Die Kinder erleben die Schwierigkeiten beim Umgang mit Erfahrungen. Sie bewältigen diese Aufgabe nur, wenn der Lehrer regelmäßig die Eintragungen zur Kenntnis nimmt, dazu Fragen stellt und sie eventuell korrigiert. Nach einigen Wochen muss gemeinsam eine Auswertung des Wettertagebuches erfolgen – die Beobachtungsaufgaben sind ja nicht Selbstzweck, sondern sollen zu allgemeinen Erkenntnissen führen.

Wir bauen unsere eigene Wetterstation
- Vorüberlegungen. Wir beobachten Wind (Richtung und Stärke), Wolken, Niederschläge, Lufttemperatur, Sonne.
- Bildung von Arbeitsgruppen.
- Erfinden und Basteln eigener Messgeräte.
- Wie beobachten und messen Profis das Wetter?
- Wie genau messen unsere Geräte?
- Die Kinder vereinbaren Zeichen zur Kennzeichnung des Wetters.
- Die Kleingruppen erstellen für jeweils eine Woche das Wettertagebuch.
- Die Eintragungen werden gemeinsam in das Klassen-Wettertagebuch übertragen.

| Beobachtung des Windes Zeichen | Bezeichnung | Windstärke |
|---|---|---|
| Rauch steigt gerade empor. | windstill | 0 |
| Rauch steigt schief, Blätter bewegen sich leicht. | leichter Wind | 1– 3 |
| Zweige und Äste bewegen sich. | mäßiger Wind | 4– 5 |
| Stämme biegen sich, Wind heult. | starker Wind | 6– 8 |
| Dachziegel fallen, Bäume brechen. | Sturm | 9–10 |
| Mauern stürzen, Bäume werden entwurzelt. | Orkan | 10–12 |

(Aus: G. Haas, 1979)

**AB 22**

## Einfache Messgeräte zum Beobachten von Wettererscheinungen

| Messgeräte<br>Gemessene Wettererscheinungen | Benötigtes Material | Funktionsfähigkeit | Zuverlässigkeit |
|---|---|---|---|
| **Feuchtigkeitsmesser**<br>Luftfeuchtigkeit<br>Ⓐ Der Zapfen öffnet sich bei geringer Luftfeuchtigkeit.<br>Ⓑ Das Haar dehnt sich bei hoher Feuchtigkeit aus. | Ⓐ – Kiefernzapfen,<br>– Nadel (lang),<br>– Knete oder Klebstoff.<br><br>Ⓑ – Pappe,<br>– entfettetes Haar,<br>– Verschlussbeutelklammer. | Beide Geräte müssten erst mit einem richtigen Hygrometer geeicht werden. | Beide Geräte sind recht ungenau und reagieren auch auf Temperatur. Sie sind sehr träge und reagieren verzögert. |
| **Luftdruck**<br>(Barometer) | – Glas (Milchflasche),<br>– Strohhalm und Nadel,<br>– Luftballongummi,<br>– Klebstoff und Gummiring. | Muss mit einem anderen Barometer geeicht werden. | Es ist wichtig, dass der Gummi sicher schließt und so die eingeschlossene Luftmenge gleich bleibt. Dieses Barometer ist leider auch temperaturempfindlich. |
| **Thermometer**<br>Lufttemperatur<br>Die Ausdehnung einer Flüssigkeit (hier Wasser) beim Erwärmen ist das Maß für die Temperatur. | – 1 Reagenzglas oder 1 Glaskolben,<br>– 1 Glasrohr mit sehr dünnem Innendurchmesser,<br>– angefärbtes Wasser (Tinte) oder Spiritus.<br><br>1. Glasrohr durch den Stopfen (anfeuchten).<br>2. Reagenzglas oder Kolben bis oben füllen.<br>3. Stopfen mit Rohr aufsetzen. | Messgenauigkeit ist gegeben, wenn der Stopfen fest sitzt und der Rauminhalt des Kolbens gleich bleibt. Nie auf den Stopfen oder das Rohr drücken! | Um Messungen vornehmen zu können, muss das Thermometer geeicht werden:<br>– mit einem Vergleichsthermometer,<br>– durch Markierung der beiden Fixpunkte – Siede- und Gefrierpunkt des Wassers – und anschließend lineare Unterteilung in 100 Einheiten (nur mit Spiritus). Wichtig: geringer Innendurchmesser des Glasrohrs! |

## Einfache Messgeräte zum Beobachten von Wettererscheinungen

| Messgeräte / Gemessene Wettererscheinung | Benötigtes Material | Funktionsfähigkeit | Zuverlässigkeit |
|---|---|---|---|
| **Regenmesser** Niederschlagsmenge. Täglich wird die Flüssigkeitsmenge (Regen, Hagel und Schnee im geschmolzenen Zustand) gemessen und ins Verhältnis zur Auffangfläche gesetzt (z. B. l/m$^2$). | Ⓐ – Jogurtbecher oder Weckglas, – Messgefäß zum Eichen. $F = \pi \cdot r^2$   $F = \ell \cdot b$  Ⓑ 1. undurchsichtiges Gefäß, 2. Messgefäß, 3. Trichter. | Bei Gerät Ⓐ muss die Auffangfläche errechnet werden, was für Grundschüler bei einem rechteckigen Gefäß einfacher ist. Ein Weckglas bzw. ein zylindrisches Gefäß hat den Vorteil einer linearen Skala. Bei Gerät Ⓑ muss die Auffangfläche des Trichters gemessen werden. | Gerät Ⓐ hat hohe Messfehler durch Verdunstung. In den Schatten stellen! Gerät Ⓑ ist durch einen Lichtschutz und die kleine Öffnung des Trichters besser gegen Verdunstung geschützt. |
| **Windmesser** Windrichtung, Windstärke. Ⓐ Ⓒ Ⓓ richten sich nach der Windrichtung aus und bieten so den geringsten Luftwiderstand. Bei Ⓑ und Ⓒ wird die Windenergie in eine Drehbewegung umgesetzt. | Ⓐ **Fahne** – Stab, – Stoff oder Papier oder Plastikfolie. Ⓑ **Windrad** – Stab, – Papierquadrat, – Perlen, – Draht, – Schere. Ⓒ **Windrad mit Fahne** – Styropor, – Metallfolie, – Strohhalm, – Nagel, – Perlen. x = nach hinten • = nach vorne Ⓓ **Windsack** – Stab, – Plastiktüte, – Draht und Nagel. Ⓔ – Pappe, – Tischtennisball – Bindfaden, Tesafilm, Schere, Klebstoff. | Mit allen Geräten lassen sich nur qualitative Messungen durchführen. Nur Ⓔ wäre nach dem Eichen quantitativ zu gebrauchen. Es müsste jedoch in Windrichtung ausgerichtet werden. | Bei allen Geräten geht es darum, die Messgenauigkeit durch eine Verringerung der Reibung zu erhöhen. Kleine Windgeschwindigkeiten lassen sich kaum messen. |

Anleitung zum Bau eines Übungs-Thermometers

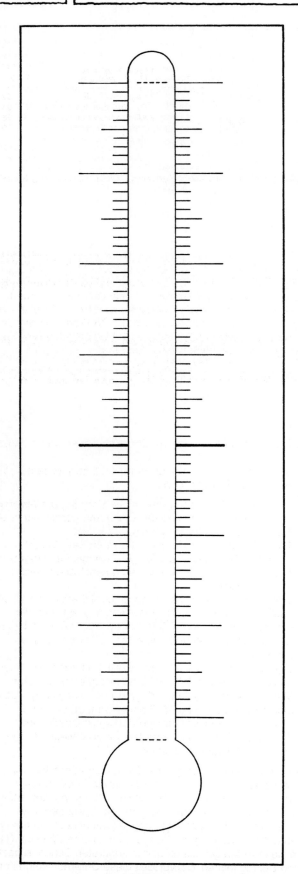

**Skala**

## Bauanleitung für ein Spielthermometer zum Üben

Das brauchst du dazu:

1. Pappe, Wäschegummiband (ca. 6 1/2 mm breit), Papierskala, Filzstifte, Schere, Uhu
2. Schneide die Papierskala aus!

3. Klebe sie auf die Pappe und schneide Überreste weg!

4. Schneide ein Stück Wäschegummiband von 45 cm ab und färbe es mit einem Filzstift bis zur Hälfte ein!

5. Male den Vorratsbehälter in derselben Farbe wie das Wäschegummi an!

6. Steche zwei Löcher in die Pappe! Lass dir dabei von deinem Lehrer/deiner Lehrerin helfen!

7. Ziehe das Gummiband durch die Löcher und verknote es auf der Rückseite!

8. Beschrifte die Skala mit + und –!

9. Nun ist dein Thermometer fertig, und du kannst damit üben, die richtige Temperatur abzulesen. Viel Spaß dabei!

# Die Bedeutung des Wassers (S. 52–63)

## INTENTIONEN

**Natürliche und gestaltete Umwelt**
**Versorgung und Entsorgung**

Die Versorgung mit Wasser ist ein zentrales Problem auf dieser Erde. Gerade im Hinblick auf die Zukunft müssen Kinder lernen, mit Wasser verantwortungsbewusst umzugehen. Sie informieren sich, wie ihr Ort mit Wasser versorgt wird und welche Kosten damit verbunden sind.

| | |
|---|---|
| Wasser ist lebenswichtig und steht nicht unbegrenzt zur Verfügung | Täglicher Wasserbedarf und -verbrauch im Haushalt pro Person |
| | Trinkwasser ist in Gefahr |
| | Wasserkreislauf in der Natur (vereinfachtes Modell) |
| Unser Ort wird mit Trinkwasser versorgt | Einrichtungen der örtlichen (regionalen/überregionalen) Wasserversorgung (Karten) |
| | „Prinzip der verbundenen Röhren" |
| Verschmutztes Wasser muss gereinigt werden | Feststellen von Wasserverunreinigungen am Beispiel einer Geschichte aus Afrika |
| | Verschmutzung bei uns |
| | Klären von Schmutzwasser |
| | Versuche zur Wasserreinigung (handlungsorientiert) |
| | Anbahnung umweltbewussten Verhaltens |

**Das Wasser**

INHALT — Seite

Wasserwerkstatt .......... 52
Der Kreislauf des Wassers ... 54
Wir alle brauchen Wasser ... 56
Aminatas Entdeckung ...... 58
Woher kommt unser Trinkwasser? ............. 60
Wohin mit dem Schmutzwasser? 62

### Zeitliche Einordnung

Inhaltliche Querverbindungen legen eine Behandlung dieses Themas im Anschluss an das „Wetter" nahe. Denkbar wäre es aber auch in der Zeit Mai/Juni. In der warmen Jahreszeit könnten viele Versuche mit Wasser im Freien durchgeführt werden.

### Vorüberlegungen zum unterrichtlichen Vorhaben

Wasser ist kein Thema, dessen Bedeutung und Problematik sich Kindern der 3. Klasse ohne weiteres erschließt. Zu selbstverständlich ist für sie und uns alle der Umgang mit Wasser. Wir brauchen nur den Hahn aufzudrehen, und schon fließt klares, sauberes Wasser aus der Leitung. Wie das Wasser zu uns kommt, welche technischen und finanziellen Aufwendungen erforderlich sind und wie kostbar Trinkwasser eigentlich ist, das wird allenfalls bedacht, wenn eine Unglücksmeldung uns für kurze Zeit aufschreckt oder das Wasser einmal für Stunden abgestellt wurde.

Wichtigste Aufgabe dieser Einheit muss es daher sein, die Bedeutung des Wassers für unser Leben Kindern einsichtig zu machen. Insofern hat sich der Schwerpunkt von der Sachinformation über Wasserversorgung und -entsorgung hin zu Aspekten der Umwelterziehung verlagert.

Diese Umwelterziehung darf aber keine „Katastrophenpädagogik" sein. Sie muss vielmehr im Hinterfragen unserer Lebensgewohnheiten sachlich, ernsthaft, umfassend und ganz praktisch umweltbewusstes Verhalten in kleinen Schritten zur täglichen Gewohnheit werden lassen und dabei auch die Fragen und Ängste der Kinder einbeziehen und aufarbeiten.

Problematisch an unserem Umgang sind, kurz zusammengefasst, folgende Tatsachen:

– Der im Grunde verschwenderische Umgang mit Wasser in Haushalt und Industrie hat zu einem enormen Anstieg des Wasserverbrauchs geführt.

– Jede Wasserentnahme bedeutet einen Eingriff in die Natur mit der Gefahr nachteiliger ökologischer Folgen. Auch bei uns sind die Vorräte an gutem Wasser nicht unerschöpflich.

– Der lange Zeit sorglose Umgang mit Schadstoffen zeigt auch im Wasserkreislauf seine Folgen. Pestizide, der steigende Nitratgehalt, Ölrückstände, Schwermetalle und Chlorkohlenwasserstoffe belasten das Grundwasser zunehmend.

– Das Bewusstsein, dass Trinkwasser im Grunde ein kostbares „Lebensmittel" ist, fehlt noch immer. Es ist nach Meinung vieler beliebig verfügbar und relativ billig – bei einem Literpreis unter 10 Pfennig. Im übrigen: Nur 2 Prozent des Trinkwassers werden im Haushalt zum Trinken und Kochen verwendet, der überwiegende Teil aber für Reinigungsarbeiten.

Ökonomische und ökologische Gründe sprechen klar für einen sparsamen und schonenden Umgang mit Wasser. Dass dies zuallererst eine Aufgabe der Erwachsenen ist, ist klar. Doch müssen schon Kinder frühzeitig sensibilisiert werden für den behutsamen Umgang mit unseren natürlichen Lebensgrundlagen. Gerade beim Thema Wasser können sie in vielen Bereichen und in konkreten Schritten dazu einen Beitrag leisten. Darauf zielt diese Unterrichtseinheit ab, besonders im Vergleich zu den Lebensbedingungen der dritten Welt und den dort herrschenden Wasserproblemen, mit denen wir uns auch in dieser Einheit befassen wollen.

### Trinkwasser pro Kopf und Tag

Vorindustrielles Zeitalter: 10–30 l
BRD 1950: 85 l
BRD 1960: 99 l
BRD 1970: 124 l
BRD 1997: 145 l
New York 1997: 440 l!!!

# Wasserwerkstatt (S. 52/53)
# Der Kreislauf des Wassers (S. 54/55)

- Am besten wird diese Wasserwerkstatt in der Klasse so aufgebaut, dass die Kinder stationsweise und in Kleingruppen die einzelnen Versuche durchführen können.
- Die Wasserwerkstatt kann je nach Situation der Klasse erweitert oder verkürzt werden.

- Gespräch über die Abbildung.
- Begriffe klären: Grundwasser, Trinkwasser, Verdunstung, Kanalisation, Kondensation, Niederschläge usw.
- Versuche zur Verdunstung und zur Kondensation.
- Alle Formen der Niederschläge besprechen.
- Oberflächengewässer
- Entstehung einer Quelle mit entsprechenden Versuchen zum Versickern.
- Aggregatzustände des Wassers
- Mit Hilfe einer Folie den Kreislauf des Wassers mit Pfeilen darstellen.
- Verwendung des Arbeitsblattes zur Vertiefung.

## Wasserwerkstatt

Diese Seite regt an vielfältige experimentelle Möglichkeiten zu nutzen. Die angebotenen Versuche sind nur eine Auswahl und sollten je nach Interessen der Kinder und der Art der thematischen Behandlung der Einheit ergänzt werden. Methodisch lassen sich diese Experimente gut in Form einer „Werkstattarbeit" oder eines „Lernens an Stationen" organisieren.

## Der Kreislauf des Wassers

Diese Grafik vereinfacht in altersgemäßer Form für Grundschüler den natürlichen Kreislauf des Wassers.
Wasser befindet sich nicht nur auf der Erdoberfläche, es versickert auch im Erdreich oder schwebt in unzähligen, unsichtbaren Wassertropfen in der Luft.
Dass aus Regenwasser, das versickert ist, wieder Trinkwasser gewonnen wird, kann mit den Grundschülern erarbeitet werden. Dabei sollte der Gedanke, dass sich nur eine begrenzte Wassermenge als Trinkwasser eignet, von uns zwar gebraucht, aber nicht verbraucht werden kann, ins Bewusstsein der Kinder gerückt werden.
Der Wasserkreislauf der Erde wird von der Sonne angetrieben. Niederschläge und Verdunstung bilden ein Gleichgewicht. Damit dieses erhalten bleibt, können wir Menschen nicht gedankenlos mit dem Wasser umgehen.
Mit Hilfe einer Folie könnte der Kreislauf des Wassers erarbeitet werden.

AB 23

**PRAXISTIPP:**
- Eine Geschichte erfinden: Ein Wassertropfen auf Reisen.
- Versuchsreihe zu wasserdurchlässigen und wasserundurchlässigen Bodenarten.

# Wir alle brauchen Wasser (S. 56/57)

### Rätsel: Lässt sich Wasser im Sieb nach Hause tragen?

Mit diesem Rätsel könnte die Behandlung dieser Doppelseite beginnen. Auf ihr wird unser verschwenderischer Umgang mit Wasser dem Mangel an sauberem Trinkwasser in Afrika gegenübergestellt. Natürlich können wir unser Wasser nicht einfach exportieren um die Wasserknappheit anderswo zu beseitigen. Dennoch könnten diese beiden Seiten anregen unseren Umgang mit Wasser, der ja unter ökologischen Aspekten auch bedenklich ist, zu hinterfragen und bewusster und sorgsamer mit Wasser umzugehen. Vielleicht lässt sich auch die eine oder andere Klasse zu ganz konkreten Projekten anregen.

Einstiege ins Thema:
- Rätsel
- Merksatz/Tafel:
  Es gibt Wasser auf der Erde,
  über der Erde,
  in der Erde!
- Ist Süßwasser wirklich süß?
  Probieren des Trinkwassers
- Schätzaufgabe: Wieviel Wasser brauchst du am Tage?

Anschließende Aufgaben:
- Wofür brauchen wir Wasser?
- Beobachten und Notieren des Eigenverbrauchs.
- Wo und wie können wir Wasser sparen?
- Vergleich des Wasserverbrauchs früher und heute.

Um Christi Geburt lebten ungefähr 250 Millionen Menschen

Um 1650 etwa doppelt so viele.

Die 1. Millarde wurde um 1800 herum erreicht.

Die 2. Milliarde bereits um 1920.

Heute sind es 5 Milliarden!

Immer mehr Menschen brauchen immer mehr Wasser.
Immer mehr Nahrung.
Immer mehr Energie.
Hinterlassen immer mehr Müll.

Der globale Kreislauf droht, aus dem Gleichgewicht zu geraten.

Umweltgefahren machen vor keiner Landesgrenze halt.

Die Menschheit steht vor der wohl größten Herausforderung ihrer Geschichte.

Aus: Wasser ist Leben. Informationen zu einem brisanten Thema. Begleitbroschüre zum 17. Jugendwettbewerb der Volks- und Raiffeisenbanken.

**AB 24**

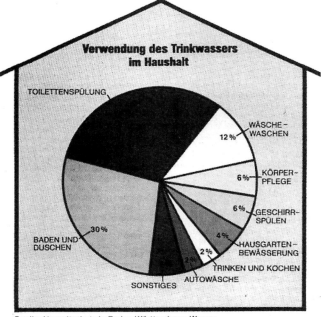

Quelle: Umweltschutz in Baden-Württemberg: Wasser.

**Aminatas Entdeckung (S. 58/59)**

## Wasser im Überfluss

Eigentlich ist Wasser auf der Erde im Überfluss vorhanden und normalerweise dürfte es keinen Wassermangel geben. Allerdings ist der größte Teil des Oberflächenwassers als Salzwasser in den Ozeanen gebunden und nur mit großem Aufwand an Technik und Energie als Trinkwasser zu gewinnen. Trotzdem könnten mit dem vorhandenen Süßwasser alle Menschen mit Trinkwasser versorgt werden, wenn es nicht so ungleich verteilt wäre. Denn einerseits gibt es Regionen mit gut ausreichenden Trinkwasserreserven, andererseits aber extrem trockene Gebiete mit erheblichem Mangel an Trinkwasser.

Die Versorgung von Menschen in diesen Teilen der Erde stellt ein erhebliches Problem dar.

Auch für Grundschulen ist es wichtig bei diesem Thema in größeren Zusammenhängen zu denken und entsprechende Hilfsprojekte zu unterstützen. Wo vor Ort keine Möglichkeit besteht, in Zusammenarbeit z.B. mit den Kirchengemeinden direkte Kontakte herzustellen, bieten sich die großen Hilfsprojekte verschiedener Organisationen an, die mit einem kleinen Weihnachtsbazar oder einem Teil des Schulfestgewinns unterstützt werden könnten. Informationsmaterial ist über folgende Adressen erhältlich:

**Brot für die Welt**, Postfach 10 11 42, 70010 Stuttgart,
**Misereor,** Mozartstraße 9, 52064 Aachen
**Unicef,** Höninger Weg 104, 50969 Köln
**terre des hommes**, Ruppenkampstraße 11a, 49084 Osnabrück.

Unterrichtsbeispiele und umfangreiches Material bietet das Buch des Arbeitskreises Grundschule:

R. Schmitt (Hrsg.): 3. Welt in der Grundschule.
Erhältlich über den **Arbeitskreis Grundschule e.V.**, 60486 Frankfurt.

- Die Geschichte lesen.
- Eine Fortsetzung der Geschichte ausdenken.
- Die Geschichte spielen.
- Die Dorfversammlung spielen (unterschiedliche Interessen der einzelnen Dorfbewohner berücksichtigen).
- Ein Bilderbuch zu der Geschichte erarbeiten.

**PRAXISTIPP:**

- Informiere dich in Sachbüchern, in welchen Ländern der Erde Wasser knapp ist.
- Ob Wasser auch bei uns knapp werden kann? Frage deine Eltern!

# Woher kommt unser Trinkwasser? (S. 60/61)

## Sachinformation

### Öffentliche Wasserversorgung

Im vorindustriellen Zeitalter herrschte die Einzelwasserversorgung vor: Jede Familie versorgte sich in der Regel selbst aus Brunnen, Quellen oder einem Wasserlauf. Erst mit dem Aufkommen der Industrie wurde seit der Mitte des 19. Jahrhunderts in Deutschland allmählich die zentrale öffentliche Wasserversorgung üblich.
Heute sind in unserem Land rund 98 % der Bevölkerung an die zentrale Wasserversorgung angeschlossen. Das gespeicherte oder an einem Ort gewonnene Wasser erreicht den Verbraucher durch Rohrleitungen.
Bei Besitzern großer Gärten ist es heute wieder „in", einen Brunnen bohren zu lassen und seine Flächen mit Grundwasser zu bewässern; nur ein ganz geringer Teil der Bevölkerung versorgt sich ausschließlich mit Brunnenwasser.

Hingewiesen sei an dieser Stelle auf die Informationsschrift „Wasserforum für die Schule" (herausgegeben vom Bundesverband der deutschen Gas- und Wasserwirtschaft e.V. (BGW) Josef-Wirmer-Str. 1–3, 53123 Bonn, in Zusammenarbeit mit der Vereinigung Deutscher Gewässerschutz e.V. (VDG), Matthias-Grünewald-Str. 1–3, 53175 Bonn, erhältlich bei der örtlichen Wasserversorgungsgesellschaft), in der auf viele Aspekte des Themas „Wasser" eingegangen wird und in der sich außer wertvollen Sachinformationen zahlreiche Ideen für die Arbeit im Unterricht befinden.

- Den Weg des Wassers vom Hausanschluss zurückverfolgen.
- Anknüpfen an das Thema „Wetter": „Wie entsteht Regen?"
- Unterrichtsgänge zu Einrichtungen der örtlichen Wasserversorgung.
- Filme und Arbeitsblatt vorbereitend oder ergänzend einsetzen.

Die Seiten 60/61 stellen noch einmal den Kreislauf des Wassers in der Natur und Möglichkeiten der Trinkwasserversorgung dar (Quellfassung mit Hochbehälter, Grundwasserbrunnen mit Wasserturm). Wichtig ist, dass die dem Wasserkreislauf zu Grunde liegenden physikalischen Erscheinungen den Kindern in einfachen Versuchen erfahrbar gemacht werden und die örtliche Wasserversorgung in Unterrichtsgängen erkundet wird.

## BÜCHER UND INFORMATIONEN

**Ursula Lassert: Natur um uns herum. Das Wasser**
Kopiervorlagen zur Freiarbeit.
Donauwörth: Auer 1995

**Sigrid Bairlein: Freiarbeit in der Heimat- und Sachkunde.**
3. Jahrgangsstufe. Donauwörth: Auer, 4. Auflage 1998

**Sandra Beriger: Wasserwerkstatt.**
Forschen-entdecken-lernen. Gümligen: Zytglogge-Verlag 1992

**Martin L. Keen:**
**Luft und Wasser.**
Was-ist-Was?-Reihe. Hamburg: Tessloff 1996

**Gerhard de Haan:**
**Ökologie-Handbuch**
Weinheim: Beltz 1989

## Woher kommt unser Trinkwasser? (S. 60/61)

**Beschrifte und male an!**
① ② ③ ④ ⑤ ⑥ ⑦ ⑧ ⑨ ⑩ ⑪

Der Wasserkreislauf

**AB 25**

Das Arbeitsblatt hilft wiederum bei der Sicherung und Fixierung der Lernergebnisse.
Im Unterschied zu der an naturwissenschaftlichen Erkenntnissen orientierten Beschreibung des Wasserkreislaufs, bei der unbedingt auf sachliche Richtigkeit zu achten ist, bietet das Gedicht eine poetische Darstellung des Kreislaufs. Auch andere Querverbindungen sollten aufgegriffen werden.

- Rauminhalte verschiedener Behälter schätzen und ausmessen, Litermaß (M).
- Ausdrucksübungen (Sprache).
- Klang und Rhythmus des Regens (Musik).
- Umsetzung des Themas Wasser in Kunst/Textilgestaltung.

Wichtig sind auch örtliche Hinweise auf die Wasserversorgung in früheren Zeiten (Orts- und Straßennamen, Bilder, Berichte etc.).

### Das Wasser gehört allen

Es war am Ende der Trockenzeit, da regnete es plötzlich in die Lagunen, aber sie trockneten wieder aus, bis auf eine einzige. „Die gehört mir!", erklärte der Elefant und jagte alle anderen Tiere, die trinken wollten, davon.
Eines Tages wollte er auf die Jagd gehen. Er rief die Schildkröte und sagte zu ihr: „Bleib bei meinem Wasser! Es gehört mir allein. Niemand darf hier trinken!"
Kaum war der Elefant fort, da kam die Giraffe zur Schildkröte und bat: „Gib mir Wasser!" Die Schildkröte antwortete: „Das Wasser gehört dem Elefanten."
Dann kam das Zebra zur Schildkröte und bettelte: „Gib mir Wasser!" Die Schildkröte sagte wieder: „Das Wasser gehört dem Elefanten!" Nun kam das Warzenschwein und grunzte: „Gib mir Wasser!" Die Schildkröte sagte wie immer: „Es gehört dem Elefanten!"
Nach dem Warzenschwein kam die Antilope gelaufen und rief: „Gib mir Wasser!" Die Schildkröte antwortete abermals: „Es gehört dem Elefanten!"
Noch immer gaben die durstigen Tiere die Hoffnung nicht auf. Jetzt kam der Schakal zur Schildkröte und rief: „Gib mir Wasser!" Die Schildkröte antwortete unerschütterlich: „Das Wasser gehört dem Elefanten!"
Als Letzter erschien der Hase mit seinen Kindern, die waren ganz matt und taumelig vor Durst. „Gib uns Wasser!", wimmerten sie. Schon wollte die Schildkröte wie üblich antworten, da fühlte sie Mitleid mit den Kleinen. „Das Wasser gehört allen Durstigen", erklärte sie und alle Hasenkinder tranken nach Herzenslust.
Von nun an ließen sich auch alle übrigen Tiere nicht mehr abhalten Wasser zu trinken.
Die Schildkröte ließ es geschehen; insgeheim machte sie sich aber Sorgen, was werden sollte, wenn der Elefant heimkehrte. Und eines Morgens tauchte der Dickhäuter tatsächlich wieder auf. „Schildkrötchen, wo ist mein Wasser?", fragte er gleich. Die Schildkröte antwortete mit ängstlicher Stimme: „Die Tiere haben das Wasser ausgetrunken." Der Elefant brummte: „Schildkrötchen, soll ich dich zur Strafe zerbeißen oder ganz hinunterschlucken?"
Doch bevor der Elefant begriffen hatte, waren die Tiere zur Hilfe gekommen. Sie beschützten ihre Retterin und drängten mit vereinter Kraft den Geizhals tief in den Dschungel hinein.

*Alex Wedding*

Aus: Schwarz auf Weiß 2. Darmstadt: Schroedel 1974

**Gedicht**

### Das Wasser

Vom Himmel fällt der Regen
und macht die Erde nass,
die Steine auf den Wegen,
die Blumen und das Gras.

Die Sonne macht die Runde
in altgewohntem Lauf
und saugt mit ihrem Munde
das Wasser wieder auf!

Das Wasser steigt zu Himmel
und wallt dort hin und her.
Da gibt es ein Gewimmel
von Wolken, grau und schwer.

Die Wolken werden nasser
und brechen auseinand',
und wieder fällt das Wasser
als Regen auf das Land.

Der Regen fällt ins Freie,
und wieder saugt das Licht,
die Wolke wächst aufs Neue,
bis dass sie wieder bricht.

So geht des Wassers Weise:
Es fällt, es steigt, es sinkt
in ewig-gleichem Kreise,
und alles, alles trinkt!

*James Krüss*

# Wohin mit dem Schmutzwasser (S. 62/63)

Die Seiten 62/63 versuchen die komplexen und komplizierten Vorgänge in einer Kläranlage für Drittklässler einsichtig zu machen. Dargestellt wird die am meisten verbreitete mechanisch-biologische Abwasserreinigung. Ausgeklammert wurden die Probleme der Faulschlammbehandlung (nur auf dem Arbeitsblatt angedeutet), die weiter gehende Abwasserreinigung in einer dritten, chemischen Reinigungsstufe sowie die Entsorgung spezieller industrieller Abwässer. Hier kann es nur darum gehen, über einfache Versuche, Bilder, Filme und einen Unterrichtsgang erste Einsichten in diese Problematik zu gewinnen und für Kinder leistbare Möglichkeiten des Wasserschutzes und der Abwasservermeidung darzustellen.

Die angebotenen Bausteine für den Unterricht könnten in folgender Reihenfolge eingesetzt werden:
- Was geschieht mit dem Schmutzwasser? Versuche zur Wasserreinigung, dabei Unterscheidung von Stoffen, die im Wasser schweben und sich absetzen, und solchen, die im Wasser gelöst sind, z.B. Tinte (Mischungen, Lösungen).
- Funktion der Kläranlage anhand der Bilder und des Sachtextes im Buch/AB besprechen, evtl. Unterrichtsgang/Film.
- Wie können wir das Wasser schützen? Vorschläge und Berichte sammeln.

### Mechanisch-biologische Abwasserreinigung

Das Abwasser fließt zur Kläranlage. In der **mechanischen Stufe** werden grobe Stoffe im Rechen, Sand im Sandfang sowie schlammige und aufschwimmende Stoffe im Vorklärbecken (Absatzbecken) zurückgehalten. Dies macht 20–30 Prozent der Schmutzstoffe aus. Die anschließende **biologische Stufe** ist meist eine Schlammbelebungsanlage. Im Belebungsbecken dienen die im Abwasser verbliebenen Abwasserinhaltsstoffe Bakterien und anderen Kleinlebewesen als Nahrung und werden von diesen in absetzbaren „Belebtschlamm" umgewandelt. In 1 l sind der Größenordnung nach etwa 100 Millionen Bakterien enthalten. Der intensive Abbauprozess ist den Vorgängen bei der Selbstreinigung in Gewässern vergleichbar. Der dafür in erhöhtem Umfang erforderliche Sauerstoff wird mit Gebläsen, Kreiseln oder Walzen in das Abwasser eingetragen. Der sich bildende Schlamm setzt sich im folgenden Nachklärbecken am Boden ab, während das Klarwasser aus dem oberen Teil des Beckens zum Vorfluter abfließt.

Aus: Umweltschutz in Baden-Württemberg: Wasser

**AB 26**

- Den Weg des Schmutzwassers verbalisieren.
- Die einzelnen Stationen im Klärwerk benennen, Vorgänge beschreiben.
- Sätze formulieren und niederschreiben.
- Das AB farbig gestalten.

Nach dem Besuch einer Kläranlage oder nach einem Film, der das Klären des Trinkwassers veranschaulicht hat, kann das Arbeitsblatt als Vertiefung und Festigung des Erlernten eingesetzt werden.

**Ursula Müller-Hiestand:**
**Erde, Wasser, Luft, Feuer.**
Mit Kindern die vier Elemente erfahren. Aarau: AT-Verlag 1990. Ein richtiges Werkstattbuch!

# Briefe schreiben und telefonieren (S. 64–67)

## INTENTIONEN

**Mediengebrauch und Medienwirkung**
**Versorgung und Entsorgung**

Der Schüler lernt Dienstleistungen, die Verbindungen zwischen Menschen auch über größere Entfernungen hinweg schaffen, in überschaubaren Bereichen kennen und übt sich darin, sie zunehmend zu nutzen.

| | |
|---|---|
| Die Post unterhält in unserem Ort verschiedene Einrichtungen | Erkunden postalischer Einrichtungen, Piktogramme bei der Post |
| Die Post ist auch für uns da | Briefe schreiben, Päckchen verschicken<br>Briefkontakt mit anderen Klassen<br>Briefmarken sammeln als Freizeitbeschäftigung |
| Ein Brief geht auf seinem Weg durch viele Hände | Zugängliche Stationen und Arbeitsplätze, Poststempel, Postleitzahlen, Auslandspost |
| Das Posthorn erinnert an frühere Zeiten | Farbbedeutung<br>Karten schreiben |

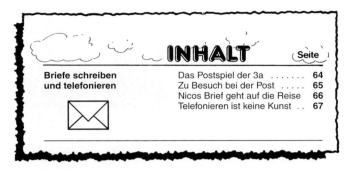

## INHALT

**Briefe schreiben und telefonieren**

| | Seite |
|---|---|
| Das Postspiel der 3a | 64 |
| Zu Besuch bei der Post | 65 |
| Nicos Brief geht auf die Reise | 66 |
| Telefonieren ist keine Kunst | 67 |

### Zeitliche Einordnung

Dieses Thema ist jahreszeitlich nicht gebunden. Als „Winterthema" empfiehlt sich die Behandlung in der Zeit um Weihnachten, wenn das Schreiben und Verschicken Hochkonjunktur haben. Am besten wäre natürlich ein aktueller Schreibanlass in der Klasse (Post an einen weggezogenen oder länger fehlenden Mitschüler, Briefwechsel mit einer Partnerklasse).

### Vorüberlegungen zum unterrichtlichen Vorhaben

Die Post befindet sich auf dem Weg ins dritte Jahrtausend. Zum ursprünglichen Leistungsauftrag der „gelben" Post, der Briefbeförderung, sind viele neue Aufgaben dazu gekommen. Neue elektronische Kommunikationsmittel haben zu einer stürmischen Entwicklung mit Milliardeninvestitionen geführt. Mit der Postreform 1996 wurde die Post in drei selbständige Unternehmen aufgeteilt:

1. Paket- und Frachtdienst
2. Postbank
3. Telekommunikation

Der Paket- und Frachtdienst und die Postbank sind finanziell eigenständige Unternehmungen, die der Deutschen Post AG angehören. Die Telekommunikation als eigenständiges Unternehmen der Deutschen Telekom AG unterstellt. Mittlerweile gibt es weitere private Telekommunikationsanbieter. Diese Zusammenhänge sind den Kindern des 3. Schuljahres noch nicht einsichtig zu machen, auch wenn sich natürlich die Zukunft unserer Kindern durch die rasante Entwicklung der Kommunikationstechnik entscheidend verändern wird. Hier kann es nur darum geben, Einrichtungen der Post und Telekom, die für Kinder bedeutsam sind, am Ort, also in überschaubaren Bereichen kennen zu lernen und zu nutzen, ohne dabei in eine falsche oder idyllisierende Sichtweise zu verfallen. Wichtig sind vor allem der Brief- und Paketdienst und der Bankdienst der Deutschen Post AG und der Telefon-, Fax- und Internetdienst der Deutschen Telekom AG.
An einfachen Beispielen könnten neue Dienstleistungen der Post und der Telekom und der dafür notwendige Einsatz an Mitarbeitern sowie an finanziellen, organisatorischen und technischen Mitteln veranschaulicht werden.
Soweit keine aktuellen Anlässe aufgegriffen werden, empfiehlt der „Tausendfüßler" den Einstieg mit dem Postspiel, dem sich der Gang zur örtlichen Poststelle anschließt.

*Herr Glamek buchstabiert*

Herr Glamek spricht am Telefon
mit seinem Nachbarn Peterson.
Er glaubt, dass man ihn nicht versteht,
und buchstabiert, so laut es geht:
„Hier Glamek – sprech ich denn so leise?
Ich wiederhole, stückchenweise:
Glamek – mit G wie in Giraffe,
mit L wie Löwe, A wie Affe,
mit M wie Möwe, E wie Ente,
und K wie Kuh –
Hallo! Ja hören Sie denn auch zu?"

Herr Peterson, der nicht versteht,
was bei Herrn Glamek vor sich geht,
der ruft: „Hallo!
Ist dort der Zoo?"

*Hans Georg Lenzen*

Aus: Hasen hoppeln über Roggenstoppeln. München: Bertelsmann o.J.

*Nützliche Malbücher, Infomappen, Arbeitsblätter, Broschüren kostenlos erhältlich über das Postamt oder den Schulinformationsdienst der Post, die 1990 500 Jahre jung ist und aus diesem Anlass viele zusätzliche Materialien herausgibt.*

# Das Postspiel der 3a (S. 64)
# Zu Besuch bei der Post (S. 65)
# Nicos Brief geht auf die Reise (S. 66)

Die Seiten 64 bis 66 bilden eine Einheit. Sie zeigen

- das Schreiben eines Briefes (S. 64),
- den Gang zur Post mit diesem Brief (S. 65),
- den Weg eines Briefes vom Absender zum Empfänger (S. 66).

Das auf Seite 64 beschriebene Postspiel setzt voraus, dass das Schreiben eines Briefes und die Beschriftung des Briefumschlags zuvor eingeübt werden. Bis zu einem bestimmten Termin müssen alle Briefe abgesandt sein, damit auch jeder einen Brief bekommt.

Wichtig ist, die örtlichen Einrichtungen der Post zu erkunden und tatsächlich einen Unterrichtsgang zur Post zu machen, der gut vorbereitet und mit dem Schalterbeamten präzise abgesprochen ist. Lieber kürzer und gezielter als zu umfassend! Auf Teilbereiche beschränken!

Seite 66 zeigt in einer für Drittklässler verständlichen Weise, wie Nicos Brief von einem auf den anderen Tag zum Empfänger gelangt.

Ursprünglich bezeichnete das Wort „Post" die Pferdewechsel- oder Raststationen der von Kaiser Augustus begründeten Nachrichten-, Personen- und Güterbeförderung im römischen Imperium, das „cursus puplicus". Eine solche Station hieß „mutatio posita" (Wechselstation) oder „mansio posita" (Raststation). „Posita" wurde zu „Post" und bedeutete zunächst nur das Posthaus an der Straße, später die ganze Einrichtung.
Rauchzeichen sind keine Erfindung der Indianer: Schon die im Nachrichtenwesen besonders pfiffigen Perser, aber auch die Römer und Griechen benutzten verabredete Signale über Rauch- und Feuerzeichen. So soll der Fall Trojas über acht Posten 500 Kilometer weit in einer Nacht nach Griechenland gemeldet worden sein.

Aus: Deutsche Bundespost (Hrsg.): Geschichte der Post

- Je nach Schülerinteressen und örtlichen Gegebenheiten Schwerpunkte setzen. Das gilt für die ganze Einheit, die ja eine Fülle fächerübergreifender Unterrichtsmöglichkeiten bietet.
- Dabei nicht nur an das Fach Sprache denken (was naheliegt), sondern auch an Mathematik mit vielen lebensnahen Rechensituationen, die sich bei diesem Thema ergeben (Portokosten, Telefongebühren).

*Das Liebesbrief-Ei*

Ein Huhn verspürte große Lust
unter den Federn in der Brust,
aus Liebe dem Freund, einem Hahn, zu schreiben,
er solle nicht länger in Düsseldorf bleiben.
Er solle doch lieber hier – zu ihr eilen
und mit ihr die einsame Stange teilen,
auf der sie schlief.
Das stand in dem Brief.

Wir müssen noch sagen: Es fehlte ihr
an gar nichts. Außer an Briefpapier.
Da schrieb sie ganz einfach und deutlich mit Blei
den Liebesbrief auf ein Hühnerei.
Jetzt noch mit einer Marke bekleben
und dann auf dem Postamt abgegeben.

Da knallte der Postmann den Stempel aufs Ei.
Da war sie vorbei,
die Liebelei.

*Janosch*

Aus: Hans-Joachim Gelbert (Hrsg.): Wie man Berge versetzt. Sechstes Jahrbuch der Kinderliteratur. Weinheim: Beltz (Programm Beltz & Gelberg).

# Telefonieren ist keine Kunst (S.67)

Das Telefon hat sich in den nahezu 125 Jahren seiner Geschichte zum am weitest verbreiteten Kommunikationsmittel entwickelt. Viele Länder der Erde können im Selbstwählferndienst erreicht werden. Schon kleine Kinder gehen selbstverständlich mit dem Telefon um. Sie müssen es nicht erst lernen; denn fast jeder Haushalt verfügt heute über einen Telefonanschluss. Ungewohnt dürfte nur das Telefonieren von einem Münz- oder Kartentelefon aus sein, weswegen der „Tausendfüßler" in einer lebensnahen Szene dies aufgreift.

Auch Kinder sollten eine knappe und präzise Notfallmeldung abgeben können. Das muss in Rollenspielen ernsthaft geübt werden. Wer will, kann zumindest die neuen Möglichkeiten der Telekommunikation in einfacher und kindgerechter Weise ansprechen. In Sekundenschnelle können heute schon Briefe, Zeichnungen, Fotos, Kopien auf elektronischem Weg übertragen werden, und der Briefträger wird, zumindest im Bürobereich, bald arbeitslos sein.

- Die Kinder erkundigen sich bei der Post über die gültigen Gebühren für Briefe etc./Telefon.

### Aus der Geschichte des Telefons

Als Erfinder des Fernsprechers gilt der hessische Lehrer Philipp Reis (1834–1874). Sein erstes „Telephon" bestand aus einem Geber, einer Stromquelle, einer Leitung und einem Empfänger. Das erste für einen Nachrichtenaustausch taugliche Telefon aber kam aus Amerika: Alexander Graham Bell, Taubstummenlehrer aus Boston, wollte eigentlich Sprachschwingungen für seine gehörlosen Schüler sichtbar machen. Was herauskam, war ein Telefon, mit dem man in gleicher Ausführung sprechen und hören konnte. 1876 führte Bell über eine Telegrafenleitung das erste „Ferngespräch" von Boston nach Cambridge.
Die Stunde des Telefons in Deutschland schlug am 24. Oktober 1877, als in Berlin zwei „Bell-Telephone" erprobt wurden. Nach den ersten Sprechversuchen sagte Generalpostmeister Heinrich Stephan am 26.10.1877: „Meine Herren! Diesen Tag müssen wir uns merken!" Er sollte recht behalten.

Besprechen von
- Situationen, in denen Kinder vom Münz- oder Kartentelefon aus anrufen müssen.
- Richtiges Telefonieren üben!
- Wichtige Nummern aufschreiben und einprägen!
- Notfallmeldung üben!
- Über den „Telefonladen" der Post oder das Fernmeldeamt sind evtl. ausrangierte Telefone für Übungszwecke zu bekommen.

# Fernsehen (S. 68–73)

## INTENTIONEN

**Mediengebrauch und Medienwirkung**

Die Kinder ermitteln, wie Medien, besonders das Fernsehen, ihren Tagesablauf und ihr Freizeitverhalten beeinflussen können. Sie lernen, welche Funktionen die Medien erfüllen. Sie berichten, wie das Fernsehen auf sie wirkt und suchen gemeinsam nach Möglichkeiten, die Einflüsse zu verarbeiten. Im Unterricht werden Kriterien zur Auswahl, Analyse und Bewertung von Fernsehsendungen entwickelt.

| | |
|---|---|
| Nutzen verschiedener Medien im Alltag | Vergleich von Medien: Zeitungen, Rundfunk, Video, Fernsehen |
| | Medien informieren und unterhalten |
| Wie Fernsehen „gemacht" wird | Attraktivität des Fernsehens |
| | Machart von bestimmten Darstellungen an einfachen Beispielen untersuchen (Musik, Sprache, Licht, Farbe) |
| | „Wirklichkeit im Fernsehen" (Experimente: Tricks, Playback, Kameraführung) |
| | Wirkungen: Spaß, Spannung, Angst, Wissen |
| Ein eigenes Fernsehprogramm zusammenstellen und begründen | Auswahlkriterien, Tageseinteilung |
| | Sendungen für Kinder und Erwachsene |
| | Fernseherlebnisse |
| | Ein Tag ohne Fernsehen (Erfahrungsberichte) |
| | Alternativen zum Fernsehen |
| | Thema für Klassenpflegschaftssitzungen: Medienerziehung |
| | Bildergeschichten, Comics, Dialoge, Darstellendes Spiel |
| | alle Arbeitsbereiche (Schminken, Verkleiden, Kulisse, Daumenkino, Farbkreisel, Zauberscheibe) |
| Einen eigenen Film drehen | Drehbuch schreiben und verfilmen |

## INHALT

| | | Seite |
|---|---|---|
| Fernsehen | Streit ums Fernsehen | 68 |
| | Wie heißt deine Lieblingssendung | 69 |
| | Welche Sendung schauen wir an? | 70 |
| | Wir machen unser Fernsehen selbst | 71 |
| | Wir drehen einen Film | 72 |

### Zeitliche Einordnung

Diese Einheit ist sehr umfangreich, deshalb könnte sie auch in zwei Teilen behandelt werden.

### Vorüberlegungen zum unterrichtlichen Vorhaben

„... jeden Tag hatte ich im Schnitt drei Stunden Zeit, Kind zu sein, d.h. Verstecken zu spielen und Roller zu fahren; mit den Pfadfindern unterwegs zu sein und in den Trümmerhaufen Heimlichkeiten zu treiben, auf Pingeljagd zu gehen oder im Wald Höhlen zu bauen; Langeweile zu haben und die Geschwister zu ärgern. Ehe ich, irgendwann zwischen 13 und 16, pubertierte, war ich 16 000 Stunden lang ein Junge, der dies noch nicht (machen) durfte und jenes noch nicht (tun) musste, der aber Kindheit ausleben konnte. Ein heutiger junger Mensch, so haben die Medienforscher ermittelt, hat in den ersten 15 Jahren seines Lebens rund 16 000 Stunden ferngesehen; sich pro TV-Stunde mindestens drei Gewaltdarstellungen angeschaut sowie ständig wechselnde Bilder (bis zu 1200 in einer Stunde) mit den Augen verfolgt."

Aus: Rainer Winkel: Antinomische Pädagogik und Kommunikative Didaktik. Düsseldorf: Schwann 1986

Selbst wer diese Zahlen für übertrieben oder Neil Postmans Prognosen vom „Verschwinden der Kindheit" in diesem Zusammenhang für zu pessimistisch hält, kann vor einer Tatsache die Augen nicht verschließen: Unter dem Einfluss der Medien hat sich die Lebenswelt der Kinder entscheidend verändert. Folgen sind:

- eine zunehmende Konsum- und Anspruchshaltung statt eigener Anstrengungsbereitschaft,
- passiv-rezeptives Aufnehmen statt eigentätiger Auseinandersetzung,
- Fernseherfahrungen aus zweiter Hand statt eigener, direkter Erfahrungen und Begegnungen,
- eine Flut visueller Informationen, Emotionen und Aggressionen ohne entsprechende Verarbeitungsmöglichkeiten.

Auch bei vorsichtiger und differenzierter Betrachtungsweise scheinen dies zutreffende Tendenzen der Veränderung zu sein.

Darum ist es richtig und wichtig, dass Mediengebrauch und Medienwirkung als eigener Arbeitsbereich thematisiert wird. Doch was kann die Schule hier tatsächlich leisten?

- „Medienerziehung" ist zunächst Aufgabe der Eltern, weil sie die unmittelbar Verantwortlichen für die Erziehung der Kinder sind.
- Die Schule kann allenfalls die Eltern in dieser Aufgabe unterstützen. Dazu ist eine gute und vertrauensvolle Zusammenarbeit notwendig.
- Allein durch Unterricht über Medien kann eine veränderte Einstellung zum Umgang mit Medien nicht erreicht werden, weil Ursachen und Bedingungen für unkritischen oder hohen Medienkonsum durch unterrichtliche Bemühungen höchstens begrenzt änderbar sind.
- Sinnvoller als eng gehaltene „medienkundliche" Bemühungen sind alle Versuche der Schule die Kommunikations- und Gestaltungsmöglichkeiten für Kinder zu verbessern. „Wichtigste Aufgabe ist es, ‚Räume' offenzuhalten. Das sind Nischen und Ecken des Schulalltags, in denen die Neugier, das Ausprobieren, die Selbstständigkeit, die Spontaneität und die schöpferische Kraft von den Kindern erprobt und entwickelt werden, in denen nicht die stromlinienförmigen Lernprozesse vorherrschen, sondern die Kinder ihre entwicklungstypische fantastische Denk- und Erlebnisweise, ihr konkretes Fühlen und Handeln erleben und ausleben." (Bachmair, Ben: Technologisierung der Lebenswelt von Kindern. In: Die Grundschulzeitschrift 9/1987)

Die Seiten des „Tausendfüßlers" wollen einen Weg zeigen, der für Kinder und Lehrer/innen „begehbar" ist im Sinne der vorangestellten Überlegungen.

# Streit ums Fernsehen (S. 68)

Dass es um das Fernsehen auch Streit geben kann, zeigt diese Seite. Dabei handelt es sich keineswegs um an den Haaren herbeigezogene Probleme, sondern um sehr realistische, beinahe alltägliche Konfliktsituationen.

Die comicartige Darstellung weckt Interesse und spricht Kinder an, die aber sehr schnell erfassen, dass es hier um ganz ernsthafte Probleme geht. Aus ihrer eigenen Betroffenheit heraus wird sehr rasch ein ernsthaftes Gespräch mit den Kindern möglich sein. Die offene Konzeption der einzelnen Situationen fordert die Diskussion um Lösungsmöglichkeiten geradezu heraus.

Die meisten Szenen eigenen sich auch gut für die Rollenspiele. Mögliche weitere Streitpunkte, die es beim Fernsehen geben kann, können von den Kindern aus ihrem Erfahrungshintergrund eingebracht werden.

Die Kellerszene mit dem dicken, schon ganz unbeweglich gewordenen Jungen persifliert ein wenig den Wunschtraum vieler, möglichst alle Programme gleichzeitig empfangen zu können. Was haben wir eigentlich davon, wenn wir 7, 12 oder 23 Programme ansehen können? Da wir nicht alles sehen können, wird das Auswählen und Abschalten in Zukunft noch wichtiger.

Insgesamt will die Seite Verarbeitungs- und Ausdrucksmöglichkeiten für Konflikte und Spannungen bieten, wie sie beim „Streit ums Fernsehen" oft auftreten. Dass sich dabei eine moralisierende Bewertung angebotener Konfliktlösungen im Sinne von richtig und falsch, gut und schlecht verbietet, versteht sich eigentlich von selbst. Ein guter und passender Vorlesestoff, der die Behandlung dieser Seite abschließen könnte, ist das unten abgedruckte „Fernsehmärchen". Muss es wirklich ein Märchen bleiben?

- Gesamtbetrachtung der Seite.
- Besprechung der Einzelsituationen.
- Finden von Lösungsvorschlägen.
- Darstellung im Rollenspiel.
- Weitere eventuelle Streitpunkte ums Fernsehen.
- Vorlesen und Besprechen des Fernsehmärchens.

*Geh mal mit deinem Fernglas raus – und sieh fern!*

**Zum Vorlesen**

## Das Fernsehmärchen

Im Wohnzimmer stehen viele lustige Gegenstände. Zum Beispiel diese große, dicke, bunte Blumenvase, die man nicht so leicht umwerfen kann. Oder die alte schwarze Schreibmaschine vom Großvater, die immer einen Höllenlärm macht, wenn man sie bloß antippt. Und dann erst der rote Vogelkäfig mit dem sprachlosen Papagei!

Aber die ganze Familie und die Gäste sitzen schweigend in den breiten Polstersesseln und starren in eine Richtung – zum Fernsehschirm.

Auf dem Fernsehschirm sitzt eine Familie in breiten Polstersesseln und starrt in *eine* Richtung – zu einem Fernsehschirm, auf dem eine Familie in breiten Polstersesseln sitzt. Wahrscheinlich starren auch diese Leute auf einen Schirm. Aber das kann man nicht mehr so genau erkennen.

Die Mutter flüchtet als erste in die Küche. „Entschuldigt", flüstert sie laut, weil der Apparat so dröhnt, „ich muss doch Geschirr abwaschen!"

Tante Nelly wirft ihr einen vorwurfsvollen Blick zu. Sie hasst es, wenn sie beim Fernsehen gestört wird.

Dann schleicht sich Onkel Theo – wie ein Indianer so leise – aus dem Raum und wirft dabei beinahe die große, dicke, bunte Blumenvase um.

Einer nach dem andern flüchtet.

Der Vater staunt nicht wenig, als er in die unaufgeräumte Küche eintritt! Da stehen alle fröhlich herum, helfen der Mutter beim Abwaschen und unterhalten sich.

Nur Tante Nelly sitzt ganz allein vor dem Bildschirm.

„Aber – die schläft", berichtet der Vater.

Nach einer Weile erscheint schließlich auch die Tante. Da ist das Geschirr längst schon abgewaschen und eingeräumt. Doch niemand will die Küche verlassen.

Im leeren Wohnzimmer dröhnt der Fernsehapparat.

*Ernst A. Ekker*

Aus: Gelberg, H.J. (Hrsg.): Geh und spiel mit dem Riesen. Erstes Jahrbuch der Kinderliteratur. Weinheim: Beltz 1971. Programm Beltz & Gelberg, Weinheim

# Wie heißt deine Lieblingssendung? (S. 69)

Wollen wir mit den Kindern über das Fernsehen tatsächlich ins Gespräch kommen, so müssen wir unvoreingenommen und ohne „moralisch-pädagogischen Zeigefinger" in das Thema einsteigen. Kinder sind sehr feinfühlig und spüren sofort, mit welchen auch versteckten Intentionen die Schule das Fernsehthema angeht.

In einer Klasse, wo die Kinder bisher schon – z.B. im Morgenkreis – die Möglichkeit hatten, ihre aktuellen und oft bedrängenden Fernseherlebnisse zur Sprache zu bringen, wird das kein Problem sein. Ziel eines solchen Gesprächs ist es von den Kindern mehr über ihre „Fernsehlieblinge" und Fernsehgewohnheiten zu erfahren und ihnen zugleich Verarbeitungsmöglichkeiten anzubieten, die sie daheim nicht immer haben. Das Ziel kann nicht sein die Kinder auszufragen und Bewertungen zu treffen.

Darum bringt die Collage auch „wertfrei" Fernsehhelden unterschiedlichster Art anregend und witzig ins Bild. Fernsehen macht eben auch Spaß und wir sollten den Kindern nicht gleich das Fernsehen vermiesen. Ihr Fernsehbedürfnis ist Realität und hat Gründe. Die zu erfahren ist wichtiger als bestimmte Fernsehgewohnheiten von vornherein und pauschal zu verurteilen.

Im Übrigen bietet die Seite viele medien- und kindgerechte Handlungsmöglichkeiten.

Für den Lehrer/die Lehrerin wird es von Vorteil sein, wenn sie sich über aktuelle Programmstrukturen, das Nachmittags- und Vorabendprogramm, derzeit laufende Kindersendungen, Serien u.Ä. informieren, damit auch sie darüber im Bilde sind, was läuft.

- Kinder über ihre Lieblingssendungen berichten lassen.
- Moralisierende Wertungen dabei vermeiden.
- Eine „Fernseh-Hitparade" der Klasse aufstellen.
- Interviews ähnlich wie im Buch durchspielen und durchführen.
- Betrachten der Collage und Gespräch.
- Evtl. Erstellen einer ähnlichen Collage in Einzel- oder Gruppenarbeit.

## ZUR INFORMATION

„Jede Familie besitzt heute mindestens einen Fernsehapparat, 75 % aller Haushalte in West und Ost haben Kabelanschluss oder Satellitenempfang und rund 20 Millionen Videorekorder in den 32 Millionen Fernsehhaushalten der Bundesrepublik führen … Kinder- und Zeichentrickkassetten sowie Spielfilme vor.

Schon Kleinkinder unter drei Jahren sitzen mit Eltern und Geschwistern regelmäßig vor dem Bildschirm, im Vorschulalter verbringen sie dort bereits eineinviertel Stunden täglich, bei den 6–9-Jährigen sind es dann 92 Minuten, und Schulkinder zwischen 10 und 13 Jahren sehen durchschnittlich 108 Minuten am Tage fern. Über ein eigenes Fernsehgerät verfügen rund 15 % der 6–8-Jährigen und ein Drittel der 9–10-Jährigen. In diesem Alter haben 14 % sogar schon einen Videorekorder im Kinderzimmer.

### Wie und warum kann das Fernsehen den Kindern schaden?

**Keine aktive Freizeit**
In vielen Familien wird Freizeitgestaltung mit einem Knopfdruck geregelt. Man guckt in die Röhre. Statt miteinander zu spielen, zu basteln, zu wandern oder zu reden, sitzt man stumm vor dem Fernseher.

**Die Einsamkeit**
Richtige Gespräche sind beim Fernsehen eigentlich kaum möglich. Die Kinder werden zur Ruhe ermahnt. Ihre Fragen bleiben meist unbeantwortet.

**Die Aggression**
Gewaltdarstellungen auf dem Bildschirm machen Kindern nicht nur Angst, sondern bewirken oft auch aggressives Verhalten.

**Die Gleichgültigkeit**
Für viele Kinder hat die Bildschirm-Brutalität noch eine ganz andere Wirkung: Ihr Mitleidsgefühl stumpft ebenso ab wie die Bereitschaft anderen zu helfen.

**Die Angst**
Wesentlich belastender ist jedoch die Angst, die Kinder bei Gewaltdarstellungen empfinden. Vor allem Kinder, die allein vor dem Fernseher sitzen, sind ihrer Furcht und Erregung hilflos ausgeliefert.

**Falsche Erwartungen**
Werbespots sind bei vielen Kindern besonders beliebt. Manche Kinder können nur schwer erkennen, dass sich im Alltag Konflikte nicht so leicht aus der Welt schaffen lassen, wie die Werbung vorgaukelt.

**Die körperlichen Reaktionen**
Bewegungsmangel, „Sitzbuckel", Appetitlosigkeit, Übergewicht, Kopfschmerzen, Schlafstörungen, Konzentrationsschwäche – das alles sind Begleiterscheinungen eines übertriebenen Fernsehkonsums.

Aus: „Nicht nur laufen lassen" Kinder, Fernsehen und Computer

Bundeszentrale für gesundheitliche Aufklärung
Ostmerheimer Str. 200
51109 Köln
Tel.: 0221/89920

## Welche Sendung schauen wir an? (S. 70)

Mit S. 70 steigen wir ganz ernsthaft in die Arbeit am Thema ein und gehen wichtige Fragen an. Das Buch kann dabei nur anregende und ergänzende Funktion haben. Die eigentliche Arbeit muss in der Klasse selbst geleistet werden. Ausgangspunkt ist die Anregung ein eigenes Fernsehprogramm zusammenzustellen und zu begründen. Natürlich werden wir auf kein Kind Druck ausüben eine bestimmte Sendung anzusehen.

Die Kinder bringen zu diesem Zweck aktuelle Programmzeitschriften von daheim mit in die Schule. Dieses Vorgehen halten wir für realistischer als den Abdruck von Programmseiten in Schulbüchern, die dann ohnehin veraltet und nicht mehr aktuell sind. Bei dieser Arbeit mit Fernsehprogrammen können wichtige Punkte mit den Kindern erarbeitet werden:

- die verschiedenen Programme und ihre Symbole (Das können sehr viele sein, je nach Kabel und Satellitenangebot.),
- die Unterschiede von Vor-, Nachmittags-, Vorabend-, Abend- und Nachtprogrammen der verschiedenen Sender,
- öffentliche und private Kanäle, Kinderkanal,
- die Angebote des Regionalprogramms,
- evtl. zu empfangende ausländische Sender in grenznahen Regionen,
- das Auffinden bestimmter Sendungen im Programm (Das Ablesen von Uhrzeiten sollte vorher schon eingeführt sein).

Schrittweise sollten in der Klasse folgende Fragestellungen angegangen werden:
- Welche Programme können wir bei uns empfangen?
- Welche Arten von Sendungen gibt es?
- Welche Sendungen sind für Kinder geeignet, welche nicht? Warum?
- Wonach können wir eine Sendung beurteilen?
- Wie lesen wir eine Programmzeitschrift?

Die Kinder sollten dazu aktuelle Programmzeitschriften von daheim mit in die Schule bringen sowie langfristig ältere Nummern zum „Verschnippeln" sammeln (Illustration der Sachunterrichtsmappe, Collage etc.)
Festhalten der Teilergebnisse durch entsprechende Einträge in der Sachunterrichtsmappe!

Je nach örtlicher „Empfangslage" empfiehlt sich eine Begrenzung auf die wichtigsten Sendeangebote, da die Programmvielfalt sonst zu verwirrend ist. Aber auch das ist ja ein ebenso realistisches Problem wie das, „echte" Kindersendungen aus dem Programm herauszufinden. Was eine möglicherweise auch noch gute Kindersendung ist – darüber ließe sich lange diskutieren und Kinder sehen das wieder ganz anders. Darum muss diese Diskussion erst recht mit den Kindern geführt werden. Mit kurzen schriftlichen Zusammenfassungen könnten Teilergebnisse gesichert und festgehalten werden, z.B.

- Verschiedene Arten von Sendungen (evtl. mit Beispielen und Bildillustrationen aus Programmzeitschriften),
- Gegenüberstellung „Für Kinder geeignete Sendungen – Für Kinder weniger geeignete Sendungen" mit entsprechenden Kriterien, die in der Klasse erarbeitet wurden,
- Kurzbeschreibung und Bewertung von Sendungen (fächerübergreifend, Eigenschaftswörter: Wie sind Sendungen: spannend, langweilig, angsterregend, lustig …).

Natürlich sollte auch – möglichst langfristig – in der Klasse eine Fernsehecke eingerichtet werden.

**Meine Lieblingssendung**

Titel: ___
Art der Sendung: ___
Wann läuft sie: ___
In welchem Programm: ___
Warum sie mir besonders gefällt: ___

Wie die Hauptpersonen heißen: ___

Was ist der Inhalt?
___

Name: ___

**AB 27**

Kinder füllen ein Arbeitsblatt über ihre Lieblingssendung aus.
Jeder stellt seine dem Plenum vor.
Daraus entsteht eine „Hit-Liste" am Wandbrett.

# Welche Sendung schauen wir an? (S. 70)

**AB 28**

Diese Bestandsaufnahme führt im nächsten Schritt zum Aufstellen eines Fernsehplans für die kommende Woche, wobei für jeden Tag eine maximal einstündige Sendung bewusst und gezielt ausgewählt wird. Auch dafür bietet der „Tausendfüßler" ein entsprechendes Arbeitsblatt an.
Die Tipps für Fernsehkönner sind der Versuch einer abschließenden verständlich-praktischen „Fernseh-Fibel für Kinder". Diese Tipps könnten auch in die Sachunterrichtsmappe der Kinder übernommen oder auf ein großes Plakat für die Fernsehecke der Klasse übertragen werden.
Noch wichtiger als solche Tipps sind „Fernseh-Alternativen", die wir den Kindern aufzeigen und anbieten. Darum sollten an dieser Stelle Kinder ihre Hobbys vorstellen und vorzeigen dürfen. Dafür werden Freizeitmöglichkeiten und Kulturangebote für Kinder am Heimatort erkundet und zusammengestellt.
Und vielleicht kann auch die Schule wenigstens da und dort den Kindern „Fernseh-Alternativen" anbieten.

- Einsatz dieses Arbeitsblattes nach der Besprechung der Seiten 68/69.
- „Dokumentation" eines eigenen Wochenablaufs.
- Behutsam sein mit der Gegenüberstellung von solchen „Wochenplänen" in der Klasse!
- Zusätzliches Arbeitsblatt herstellen: Abschrift der „Tipps f. Fernsehkönner".
- Festhalten des eigenen Fernsehplans nach bewusster Auswahl geeigneter Sendungen.
- Vergleich der Fernsehpläne, evtl. in der Fernsehecke
- Was wurde tatsächlich gesehen? Entsprach die Sendung den Erwartungen?

### Herr Glotz und Herr Schau

Herr Glotz im verrauchten Zimmer
glotzt in das Bildschirmgeflimmer.
Er glotzt und isst und trinkt dabei,
was läuft, das ist ihm einerlei.

Es geistert im Antennendraht,
sein Kopf füllt sich mit Glotzsalat.
Ob spannend, traurig oder heiter,
der Glotzerich glotzt immer weiter.
Läuft einmal kein Programm – was dann?
Dann glotzt Herr Glotz das Testbild an.

Herr Schau ist schlau, kann man wohl sagen,
genießt die Zeitschrift mit Behagen,
malt ins Programm sich einen Stern
und schmunzelt: „Na, das seh ich gern!"
Dann schaut er mit Bedacht
was man so spielt, was man so macht,
genießt die Welt so groß und weit,
wie sie der Bildschirm hält bereit.
Ist eine Sendung mies und schlecht –
er schaltet ab und das mit Recht.

*Werner Halle*

Mit freundlicher Genehmigung des Verfassers

## PRAXISTIPP:

**„Fernseh-Befragung"**

Was und wieviel sehen Drittklässler tatsächlich? Verlässliche Informationen zu erhalten, ist schwierig. Kinder selbst neigen zur Über- oder Untertreibung, Eltern zur Beschönigung. Sie sind außerdem empfindlich gegen Befragungsaktionen in diesem Bereich.
Gangbar und erprobt ist folgender Weg: Nur für uns selbst wollen wir einmal ganz genau aufschreiben, was wir im Fernsehen angeschaut haben. Zeitdauer eine, höchstens zwei Wochen. Täglich markieren die Kinder in der Schule, was sie am Tag zuvor gesehen haben. Dafür wird ihnen am besten das Vortagesprogramm aus der Tageszeitung kopiert. Das ist meist übersichtlicher als die Programme der Fernsehzeitschriften, aktualisiert und auf die örtlichen Empfangsmöglichkeiten abgestimmt. In der Regel wird es auch auf ein DIN-A 4-Blatt passen.
Die Kinder können dann selbst – ähnlich wie im „Tausendfüßler" – mit „Uhren" die Dauer ihres Fernsehkonsums angeben (auf- bzw. abrunden) und für die Woche berechnen.

# Wir machen unser Fernsehen selbst (S. 71)

Mit der Behandlung dieser Seite endet die „Fernseh-Einheit" im „Tausendfüßler". Aktive Verarbeitung von Fernseherfahrungen ist das Ziel auch dieser Seite. Die Schule muss dafür Zeit haben, auch wenn das Thema Fernsehen nicht gerade im Unterricht „dran" ist, weil Kindern im häuslichen Umfeld diese Möglichkeit nicht immer in der erforderlichen Weise gegeben ist.

Die hier angebotenen Spiele sind Vorschläge, die so aufgegriffen werden können. Sie müssen aber im Blick auf das, was im Fernsehen gerade aktuell ist, aktualisiert und weiterentwickelt werden. Kinder sind da sehr erfindungsreich und mit Begeisterung bei der Sache, wie die „Live-Fotos" aus dem „Fernsehstudio" dieser Schüler zeigen.

Außerordentlich anregend ist ein aus einem Karton gefertigter Fernseher, wie er auf Seite 71 unten zu sehen ist. Er sollte zum Grundbestand jeder Klasseneinrichtung gehören. Die Spiel- und Übungsmöglichkeiten sind unerschöpflich, gerade auch im Fach Sprache.

- Aufgreifen und Ausprobieren der angebotenen Spielmöglichkeiten.
- Erfinden weiterer Fernsehspiele.
- Der Rahmen eines ausgedienten Fernsehers gehört zum Inventar jeder Grundschulklasse!

Es kann auch ein großer Pappkarton sein, der zu einem „Fernseher" umfunktioniert wird.

## BÜCHER UND INFORMATIONEN

**Edda Schroeder-Riecke:**
**Das Entdeckerbuch zum Thema Medien.**
Unterrichtsanregungen für die Klassenstufe 3/4. Klett, Stuttgart 96

**101 Ideen zum Kinderfilm**
Praxis Grundschule Heft 4, 1991. Kinderkino praktisch mit Daumenkinos, Legespielen etc.

**„Ronja Räubertocher".**
Das Buch zum Film, nach dem Roman von Astrid Lindgren. Hamburg, Oetinger: 1985. Immer noch das beste Buch zum Thema: Wie Filme gemacht werden.

„Fernsehen". Aus der Reihe: Das kreative Sachbuch. Dietzenbach: Als-Verlag 1996. Das Heft bietet Hintergründe und einen spielerischen Einstieg in das Thema.

Thema „Fernsehen" – Unterrichtsmaterialien für die GS (1.–4. Klasse) Hrsg. von der Bundeszentrale für gesundheitliche Aufklärung, Ostmerheimerstr. 200, 51109 Köln, Tel.: 0221/89920

Nützliche Informationsblätter sind auch erhältlich bei: Aktion Jugendschutz Baden/Würt. Stafflenbergstr. 44, 70184 Stuttgart, Tel.: 0711/237370

# Wir machen unser Fernsehen selbst (S. 71)

## Kinder und Medien

Kinder verfügen heute über die verschiedensten Medien und gehen mit ihnen ganz selbstverständlich um. Auch wenn die Darstellung auf dem Arbeitsblatt übertrieben erscheinen mag, trifft sie doch den Trend. Die elektronischen Medien haben längst Einzug in die Kinderzimmer gehalten. Bildschirmmedien sind dabei dominierend. Laut einer ZDF-Untersuchung von 1997 verfügen bereits die Hälfte der Kinder über einen eigenen Fernseher und auch die PC-Ausstattung nimmt rasant zu. Traditionelle Medien wie Bücher und Zeitschriften treten mehr in den Hintergrund, sind aber nach wie vor wichtig. Auch wenn das Spielen immer noch seine Bedeutung hat, nehmen moderne Medien doch einen festen Platz in der Alltagsgestaltung von Kindern ein.

Weil Medienumgang und Sehgewohnheiten schon im Kleinkind- und Vorschulalter im Elternhaus geprägt werden, ist der Einfluss der Schule begrenzt. Die Chance auf eine gewisse Kurskorrektur wird verspielt, wenn Schule mit dem erhobenen Zeigefinger gegen die neuen Medien antritt. Darum sollte die Bildbetrachtung dieser Seite auch frei bleiben von wertenden Beurteilungen der Lehrerin oder des Lehrers. Vielmehr kommt es darauf an über die übertriebene Darstellung eines Kinderzimmers Gespräche in Gang zu bringen, Dinge zu benennen, Vergleiche anzustellen, eigene Situationen und Erfahrungen einzubringen. Viel wäre schon erreicht, wenn die Einsicht am Ende stünde, dass ein Überangebot ungesund ist und nicht alles in einem Kinderzimmer vorhanden sein muss.

Ob und wie die Ergebnisse des Gesprächs festgehalten werden, etwa in einer kleinen „Statistik" (fächerverbindend mit Mathematik), als „Hitliste" oder als Bild („mein Wunschzimmer"), bleibt jedem selbst überlassen.

Der Text unten bringt erste Sachinformationen und will anregen sich weitere Informationen aus Lexika und Sachbüchern zu beschaffen und sich einem Thema schwerpunktmäßig zuzuwenden, etwa in der Freiarbeit.

**AB 29**

- Gespräch über das Bild auf dem AB.
- Benennen der verschiedenen Medien.
- Klasseninterne „Statistik" über Medienbesitz.
- Hitliste über wichtigstes Medium aus Kindersicht.
- Bild: mein Wunschzimmer.
- Informationen aus Sachbüchern und Lexika zum Thema.

- Beschriften des Arbeitsblatts z.B. im Rahmen der Wochenplanarbeit.
- Ergänzende Aktivitäten im Rahmen der Freiarbeit:
Medienkataloge erstellen (Ausschneiden aus Prospekten u.Ä.), Hitliste, freie Berichte zu bestimmten Themen.

# Wir machen unser Fernsehen selbst (S. 71)

## Wie Fernsehen gemacht wird

Was sich hinter den Kulissen des Fernsehens abspielt, bleibt Kindern meist verborgen. Diese Abläufe wenigstens teilweise sichtbar zu machen, ist das Ziel dieser Seite, denn ein Besuch im Fernsehstudio wird für viele Klassen nicht möglich sein.

Wichtiger als komplizierte und kaum vermittelbare technische Details sind die Abläufe und Zusammenhänge bei der Produktion von Sendungen. Den meisten Kindern wird kaum bewusst sein, welcher Aufwand nötig ist, bis eine Sendung im Kasten ist. Besonders kommt es auf die Unterscheidung zwischen Live-Sendungen und Aufzeichnungen an. Beide Übertragungswege werden im Bild angedeutet. Nicht alles, was live aussieht, ist wirklich live. Ein größerer Teil der Sendungen wird nämlich lange vor der Ausstrahlung im Studio aufgezeichnet.

Interessant sind für Kinder vor allem zwei Aspekte: die Berufe, die es beim Fernsehen gibt und die „Tricks", mit denen bei der Produktion von (Fernseh-)Filmen gearbeitet wird. Beides ausführlich darzustellen ist in einem Schülerbuch nicht möglich. Auffallend ist, dass es zu diesem Thema bis auf einige Darstellungen in Kinderlexika kaum spezielle Kindersachbücher gibt. Wie ein Film entsteht, wird für Kinder nach wie vor am besten in dem 1985 erschienenen Buch zum Film „Ronja Räubertochter" nach dem Roman von Astrid Lindgren gezeigt. Hier werden auch viele „Tricks" und verschiedenste Filmtechniken anschaulich erklärt.

Bei der unterrichtlichen Behandlung lässt sich gut an die Film- und Fernseherfahrungen der Kinder anknüpfen. Das Buch hilft mit Bild und Text die komplexen Vorgänge zu klären. Auf dem Arbeitsblatt können die Ergebnisse zusammengefasst und festgehalten werden. Zusätzliche Arbeitsaufträge für die Freiarbeit ergänzen den Unterricht.

Ideal wäre natürlich ein Besuch in einem Fernsehstudio. Vielleicht lässt er sich doch in einem der kleineren und näher gelegenen regionalen oder privaten Studios verwirklichen. Ob auf diese Unterscheidung im Rahmen des Unterrichts näher eingegangen werden soll, wird sich im Unterricht ergeben.

Eine tolle Sache könnte auch die Produktion einer eigenen kleinen ‚Fernsehsendung' sein. Sie wird geplant wie im richtigen Fernsehen, und jeder hat seinen ganz bestimmten „Beruf": Drehbuchautor(en), Regisseur, Kameramann, Schauspieler, Maskenbildner … (klar: Mädchen wie Jungs!). Wo in der Schule eine eigene Videoausrüstung fehlt, helfen sicher Eltern gerne mit.

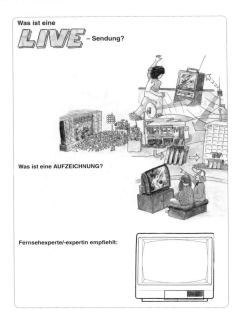

AB 30

„Kinderkanal"
Richard-Breslau-Str. 11a
99094 Erfurt
Tel.: 0361/2181890

Jan-Uwe Rogge
„Kinder können fernsehen".
Vom sinnvollen Umgang mit dem Medium. Reinbek, Rowohlt: 1995

- Im Unterrichtsgespräch an die Vorerfahrungen der Kinder anknüpfen.
- Zusammenfassung auf dem Arbeitsblatt.
- Ergänzende Arbeitsaufträge für die Weiterführung und Freiarbeit.

# Wir drehen einen Film (S. 72/73)

- Die Kinder schreiben eine Geschichte auf.
- Sie dialogisieren die Geschichte.
- Daraus erstellen sie ein Drehbuch.
- Sie verfilmen das Drehbuch.

Die Lebenswirklichkeit der Kinder ist heute stark durch Medien geprägt. Von vielen Kindern wird zwar der Fernseher dem Buch vorgezogen. Es gibt aber auch Kinder, die stabile Lesegewohnheiten haben. Medienpädagogik will aber nicht das Buch gegen die elektronischen Medien ausspielen. Medienkompetenz ist heute ein wichtiges Lernziel auch in der Grundschule. Dazu zählt der Umgang mit dem Computer genauso wie mit der Videokamera, dem Videorekorder und Printmedien unterschiedlicher Machart.

Ein Videorekorder und ein Fernsehgerät sind seit Jahren in allen Grundschulen zu finden, jedoch nur, um Lehrfilme abspielen zu können oder Beiträge des Schulfernsehens kopieren zu können. Eine Kamera für aktive Medienerziehung gehört meist nur an höheren Schulen zur Ausstattung. Dagegen wird Fotografieren heute auch schon in der Grundschule mit in die unterrichtliche Arbeit einbezogen.

Einzelne Schritte zur Medienkompetenz können sein:
- Kinder sollen lernen, aus einem Angebot an Fernsehsendungen sinnvoll zu selektieren.
- Kinder sollen einen fragenden Umgang mit Medien entwickeln.
- Kinder sollen nachinszenieren, selbst dokumentieren und verschiedene Gestaltungsmittel ausprobieren.
- Kinder sollen für die Möglichkeiten nonverbaler Kommunikation sensibilisiert werden. Sie können heute selbstverständliche Kommunikationsmittel ihren historischen Vorläufern gegenüberstellen: Nachrichtenvermittlung durch Postkutsche, etc.
- Kindern soll bewusst werden, welche Sinne am Erleben von Wirklichkeit beteiligt sind. Sie können bei intensiven Sinnesübungen im Wald die Erlebnisse von einer Gruppe per Video aufnehmen lassen. Später reflektieren sie ihre Erlebnisse und sehen sich unter diesem Eindruck den Film an. Sie vergleichen Film und Erlebnis auf ihre Wahrnehmung hin. Ihnen wird bewusst, wie diese Auswahl im Video einer bestimmten Wirklichkeit entspricht. Die Kinder werden entdecken, dass die Videoaufnahme des Erlebnisses immer nur einen Ausschnitt einer Wirklichkeit vermitteln kann. Kindern wird im Vergleich auch bewusst, dass es Nah-Sinne und Weit-Sinne gibt und dass Weit-Sinne eine Distanz zulassen. Sie stellen aber auch fest, dass sie innerlich berührt sind, wenn sie etwas bewegt haben. Wahrnehmungsübungen und Medienerziehung dürfen sich nicht ausschließen. Zu dieser Erkenntnis zu gelangen ist auch schon ein Schritt hin zur Medienkompetenz.

Das Klischee „Bildschirm contra Buch" ist durch eine verantwortungsvolle und innovative Medienerziehung längst überholt. Fernsehen und Lektüre werden nicht in Konkurrenz zueinander gesehen werden. So wie es gute und schlechte Kinderbücher gibt, so werden auch gute und schlechte Kinderfilme über den Bildschirm ausgestrahlt. Leseförderung in Schulen fand früher oft mit dem Hintergedanken statt, sich dadurch vom Bildschirm zurückzuziehen. Heute ist eine Pädagogik entwickelt worden, die beides miteinander verzahnt. Medienkompetenz ist heute dringend notwendig. Die Praxis zeigt, dass Kinder heute viel sicherer in der Handhabung von Videorekorder und Computer sind als ihre Eltern. In der Grundschule findet Medienpädagogik jedoch nur sehr eingeschränkt statt und hinkt der Zeit hinterher. Vielfach liegt es daran, dass die Lehrer nicht entsprechend ausgebildet sind. Der Zugang zum Computer in der Schule ist Kindern meist noch verborgen. Anschluss am Internet haben zur Zeit nur wenige Grundschulen.

Sinnvoll in der Grundschule ist die Arbeit mit Kamera und Videorekorder, wenn Kinder eine eigene Geschichte oder eine Vorlage aus der Kinderliteratur selbst verfilmen. Dazu ist es notwendig, eine Geschichte zu dialogisieren, daraus ein Drehbuch zu schreiben, mit der Handhabung der Kamera vertraut zu werden und mit dem Schnittcomputer umzugehen. Erfahrungen auf diesem Gebiet zeigten, dass Kinder hochmotiviert die Handhabung verinnerlichen und viele Seiten freiwillig auch noch zu Hause ausarbeiteten.

# Fahrzeuge (S. 74–77)

## INTENTIONEN

**Materialien und Geräte
Früher und Heute**

Beim Bauen und Erproben von Fahrzeugen gewinnen die Kinder Einsichten in grundlegende Funktionszusammenhänge. Im Umgang mit Werkzeugen und Arbeitsmaterialien erweitern sie vorhandene handwerkliche Grundfertigkeiten und lernen, einfache Arbeitstechniken und Werkzeuge gezielt einzusetzen.

| | |
|---|---|
| Bauen von Räderfahrzeugen | Geschichte des Fahrrades |
| | Wichtige Bauteile eines Fahrzeugs |
| | Auswahl geeigneter Materialien |
| | Verschiedene konstruktive Lösungen |
| | Erproben in Rollversuchen |
| | Messen der Rollweite |
| | Verbessern der Fahreigenschaften |
| | Vorteile der Luftbereifung |
| Antrieb von Fahrzeugen | Antrieb durch verschiedenste Energieformen |

**INHALT**

| Fahrzeuge | | Seite |
|---|---|---|
| | Schnelle Wagen selbst gebaut | 74 |
| | Ohne Räder fährt nichts | 75 |
| | Was bewegt die Räder? | 76 |
| | Da lob ich mir doch mein Fahrrad | 77 |

### Zeitliche Einordnung

Das Thema „Fahrzeuge" ist nicht an eine bestimmte Jahreszeit gebunden. Durch die Querverbindung mit der Verkehrserziehung und hier besonders mit der Fahrradprüfung, bietet es sich an das Thema „Fahrzeuge vorzuziehen. Wir schlagen zur unterrichtlichen Behandlung die Monate Mai/Juni vor.

### Vorüberlegungen zum unterrichtlichen Vorhaben

Viele menschliche Erfindungen wiederholen eine Funktion oder einen Vorgang, der in der Natur bereits vorgegeben ist. Das Rad allerdings, das sich frei um eine Achse dreht, ist eine Erfindung, die keine unmittelbaren, natürlichen Vorbilder hat und die sich auf die Entwicklung der Menschheit revolutionierend auswirkte.

Ein Erfinder des Rades kann nicht benannt werden, vielmehr ist anzunehmen, dass nach langen Versuchen und Irrtümern das Rad als Ergebnis entstanden ist. Erste primitive Räder können in assyrischen, babylonischen und ägyptischen Kulturen nachgewiesen werden. Die Sumerer, aber auch die Inder und Chinesen haben, unabhängig voneinander, vor über 5000 Jahren den freien Lauf einer Scheibe um eine Achse entdeckt. In den indianischen Hochkulturen Amerikas gibt es bislang keine Hinweise auf die Verwendung von Rädern, sie benützten zum Transport schlittenähnliche Gebilde.

Die ersten Räder waren aus Holz. Da es sehr schwierig war, so große Scheiben aus einem Stück Holz zu fertigen, die zudem noch stabil sein sollten, fügte man sie bald aus drei Teilen zusammen und verband sie mit Bändern und Verstrebungen. Später gaben ihnen „Reifen" aus Leder oder Kupferbändern noch mehr Stabilität und schützten sie vor zu rascher Abnutzung. Die Entwicklung von Speichenrädern bewirkte eine Verringerung des Gewichts solch schwerer Holzräder.

Die frühen Karren hatten den Nachteil, dass sie die Richtung nicht ändern konnten, es sei denn, man hob den ganzen Wagen an und drehte ihn um. Erst ums Jahr 0 unserer Zeitrechnung bekam die Vorderachse ein eigenes Fahrgestell und einen Lenkschemel. Eine Entdeckung, die den Kelten zugeschrieben wird.

Sehr früh verhalfen die Wagen und Fahrzeuge zur Ausweitung des allgemeinen Transportwesens: durch Kriege dehnten sich die Reiche aus, neue Märkte wurden erschlossen, die Menschen gewannen allgemein an Mobilität.

Schüler des 3. Schuljahres entwickeln zunehmend ein realistisches Interesse für technische Zusammenhänge, aber auch für deren historische Herkunft. Ihr Vorwissen in Bezug auf Räder ist nicht gering: Von früh an spielen sie mit Murmeln, Walzen, Rädern und Fahrzeugen aller Art, darüber hinaus haben sie aber auch reiche Erfahrung mit ihrem eigenen fahrbaren Untersatz, dem Dreirad, dem Roller, den Inlinern und dem Fahrrad gemacht. Der Spaß am Bauen und Spielen bedeutet dabei immer zugleich eine Auseinandersetzung mit Technik und Fortschritt.

Die Verbindung unseres Themas mit der Verkehrserziehung im 3. Schuljahr bietet sich an. Technisches Wissen, historisches Verständnis und lebenspraktischer Umgang ergänzen sich hervorragend. („Da lob ich mir doch mein Fahrrad!")

An der Geschichte des Rades können Kinder begreifen lernen, was es mit dem technischen Fortschritt auf sich hat. Der sagenumwobene Ursprung von Rädern kommt der Auffassungsgabe von Kindern ebenso entgegen wie die Faszination der Entdeckungen rund ums Automobil. („Ohne Räder fährt nichts.")

Der handelnde Umgang mit Rädern steht im Vordergrund der unterrichtlichen Behandlung. Die Schüler bauen selbst ein Fahrzeug und erproben seine Funktionstüchtigkeit. („Schnelle Wagen selbst gebaut" und „Ohne Räder fährt nichts".)

# Schnelle Wagen – selbst gebaut (S. 74)
# Ohne Räder fährt nichts (S. 75)

Beim Thema „Fahrzeuge" soll die Faszination, die vom Fahren ausgeht, und das selbsttätige Bauen und Konstruieren zur Geltung kommen. So lebt diese Einheit vom praktischen Tun und Experimentieren. Andererseits darf die Reflexion über das eigene Handeln nicht vernachlässigt werden. Das gelungene oder misslungene Produkt „Fahrzeug" gibt dem Schüler eine angemessene und überzeugende Rückmeldung über seine Leistung. Der Lehrperson sollte es ein Anliegen sein, auch Kindern, die sich beim Arbeiten mit der Hand schwer tun, zu einem Erfolgserlebnis zu verhelfen.

### Wie fährt mein Wagen schneller?

Die Geschwindigkeit hängt von mehreren Faktoren ab. Dazu folgende Schlüsselfragen:

- Wie sind die Räder aufgehängt? Gibt es einen hohen oder niedrigen Laufwiderstand durch Reibung? (Kannst du ein Schmiermittel verwenden?)
- Wie sind die Räder beschaffen? Glatt, rau, schmal, breit, groß, klein?
- Ist der Wagen stabil, mit großer oder kleiner Oberfläche? (Luftwiderstand)
- Wie ist der Boden beschaffen? (Straßenbelag) Steil, flach, glatt, rau?
- Welches Gewicht hat dein Auto? Schwer, leicht?

- Kinder bringen Spielzeugautos mit:
  a) Sie spielen und experimentieren mit ihren Autos.
  b) Sie betrachten die Spielautos genau: Material, Bestandteil, Funktion …
- Die Tausendfüßlerseite gibt Anregungen, wie Autos selbst gebaut werden können.
- Sammeln von Materialien zum Bauen von eigenen Fahrzeugen: Pappe, Wellpappe, Styropor, Sperrholz, Rundhölzer, Knöpfe, Holz, Perlen, Fleischspieße aus Holz …
- Die Kinder bauen – nach Versuch und Irrtum – ihre eigenen Wagen, zunächst mit zwei fest sitzenden Achsen.
- In einer dazwischengeschobenen Phase kann anhand der Bastelanleitungen im Buch überlegt werden, wie Räder zu basteln sind und wie sie sich um Achsen drehen.

- Die Kinder lassen ihre selbst gebauten Autos über eine schiefe Ebene rollen.
- Erklärungsversuche
  a) durch eigene Überlegungen,
  b) durch gezielte Beobachtung bei Rollversuchen.
  *Warum fährt der eine Wagen schneller als der andere?*
  *Fahren Autos mit großen oder mit kleinen Rädern schneller?*
  *Was geschieht, wenn du auf deinen Wagen ein Gewicht stellst?*

### Querverweise

#### Wortfeld „fahren"

Auto, Personenwagen, Lastkraftwagen, Omnibus, Rad, Achse, Motor, Antenne, Kofferraum …

#### Wortfamilie „fahren"

|  | fahr | -en |
|---|---|---|
| ver- | | -en |
| rad- | | -en |
| um- | | -en |
| Er- | | -ung |
| Ab- | | -t |
| Durch- | | -t |
| | Fahr | -t |
| | | -karte |
| | | -zeug |
| | | -bahn |
| ge- | fähr | -lich |
| | Fähr | -mann |
| | Fuhr | -werk |
| aber: Furt | | |
| Trennung: fah-ren | | |

### Legt eine Tabelle an!

| Autoeigentümer | Geschwindigkeit Zeit für 3 Meter | Gewicht | Rad |
|---|---|---|---|
| Franz | 7 Sekunden | 275 Gramm | rau |
| Inge | 6 Sekunden | 190 Gramm | glatt |

Ordnet nach Zeit, Gewicht und Radbeschaffenheit! Vergleicht die verschiedenen Reihenfolgen! Was lässt sich daraus folgern?

## Schnelle Wagen – selbst gebaut (S. 74)
## Ohne Räder fährt nichts (S. 75)

- Die Schüler benennen „Räder", die sie aus ihrer Erfahrung kennen.
- Wer hat wohl das Rad erfunden? Die Schüler denken sich dazu eine Geschichte aus.
- Was Räder heute alles leisten! Sie symbolisieren „Fortschritt" und damit Segen und/oder Fluch.
- Besuch in einem Fahrzeugmuseum.

Am Beispiel des Rades kann man besonders anschaulich in den Umgang mit Geschichte einführen. Ein Besuch im Museum führt ein Stück in die Vergangenheit zurück: alte Wagenräder, Draisinen usw. Der eigenen Fantasie und Deutung bleibt noch viel Raum.
Doch die Entwicklung ist noch nicht abgeschlossen. Die Fahrzeuge werden immer schneller. Grundsätzliche Gedanken über den Gang der Geschichte und über die Verantwortung für die Zukunft schließen die Überlegungen ab.

### LITERATUR

**Ali Mitgutsch: Rund ums Rad. Ravensburg: Ravensburger Verlag, Otto Maier 1976**
Bilder-Sachbuch zur historischen Entwicklung des Rades. Für die Hand des Schülers besonders gut geeignet.

**Georg Popp: Die Großen der Welt. Würzburg: Arena 1996 (S. 155–159)**
Lebensbeschreibungen großer Erfinder: Benz, Daimler ... Besonders zur Vorinformation des Lehrers geeignet, aber auch für die Hand des Schülers. Die Lebensgeschichten könnten gut nacherzählt werden.

**Wolfgang Schivelbusch: Zur Geschichte der Eisenbahnreise, Frankfurt/Berlin/Wien: Tröcker TB 1995**
Erwachseneninformation zur Sozialgeschichte des Reisens mit der Eisenbahn.

# Schnelle Wagen – selbst gebaut (S. 74)
# Ohne Räder fährt nichts (S. 75)

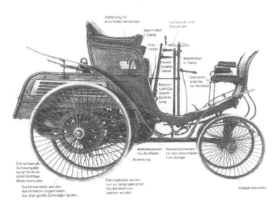

- Große Erfinder aus unserer Heimat haben Motoren erfunden: Carl Benz, Gottlieb Daimler.
- Was heißt „Auto-mobil"?
- Kannst du ein Fahrzeug bauen, das selbst fährt, ein richtiges „Automobil"?

Der schwäbische Tüftler und Erfinder Gottlieb Daimler wurde im Jahr 1834 in Schorndorf als Sohn eines Bäckers und gelernten Büchsenmachers geboren. In einem Gewächshaus des Bad Cannstätter Kurhauses hat Daimler den Benzinmotor erfunden. „Sein revolutionäres Treiben, das die Welt nachhaltig verändern sollte, wurde damals allerdings nicht recht gewürdigt. Daimler wurde eher misstrauisch beäugt. Einige Cannstätter Bürger riefen sogar die Polizei, weil sie in der versteckten Gewächshauswerkstatt einen Falschmünzer vermuteten" (Badische Neueste Nachrichten, 17.3.1984). Daimler starb im Jahr 1900.

An einem Sonntag im Jahre 1765 kam **James Watt** in Glasgow die richtige Eingebung zur Entwicklung einer **Dampfmaschine**. Er baute ein Versuchsmodell mit Zylinder, Kolben und Ventilen. Der Dampf strömte – geregelt durch die Ventile – in den Zylinder, von dort durch eine Ableitung in den Kondensationskessel und trieb so den Kolben an. Watt erhielt im Jahre 1769 auf seine Dampfmaschine die Patent-Nummer 913 und konnte im Jahre 1776 die erste Dampfmaschine für eine Eisenhütte in Betrieb nehmen.

Seine Erfindung wurde das Signal für die dann einsetzende industrielle Revolution, die das Leben der Menschen so nachhaltig bis in unsere Zeit beeinflussen sollte.

Zur gleichen Zeit bauten unabhängig voneinander Nikolaus August **Otto**, Carl Friedrich **Benz** und Gottlieb **Daimler** in Köln, Mannheim und Stuttgart-Bad Canstatt an einem fahrbaren, mit Motor angetriebenen Wagen.

**Carl Friedrich Benz** wurde am 25. November 1844 in Karlsruhe geboren. Nach seinem Studium an der TH Karlsruhe gründete er in Mannheim eine „Mechanische Werkstatt" und konstruierte 1885 die erste Motorkutsche. Benz starb am 4. April 1929 in Ladenburg.

Das erste Automobil hatte drei Räder, einen wassergekühlten Einzylinder-Heckmotor und einen Riemen- und Kettenantrieb. Die Höchstgeschwindigkeit betrug 16 Stundenkilometer.

Die Verbesserung und Weiterentwicklung des „Automobils" machte rasche Fortschritte. Bosch erfand die Zündkerze, Maybach den Vergaser und Dunlop die Luftreifen.
Die ersten Dampf-Lokomotiven wurden in England gebaut (1804 und 1813).

**Stephensons** Dampflokomotive „Rocket" fuhr 1829 erstmals zwischen Liverpool und Manchester: sie gilt als Urform aller späteren Dampf-Lokomotiven. 1835 lieferte Stephenson auch die **„Adler"** für die erste deutsche Eisenbahnfahrt zwischen Nürnberg und Fürth.

**Aus einer Bekanntmachung über den Verkehr mit Motorfahrzeugen**

§ 2
Motorfahrzeuge müssen so gebaut … sein, dass Feuer- und Explosionsgefahr sowie eine Belästigung von Personen und Fuhrwerken durch Geräusch oder durch üblen Geruch ausströmender Gase möglichst ausgeschlossen ist …

§ 6
Der Führer ist zu besonderer Vorsicht … verpflichtet. Auf den Halteruf eines Polizeiorgans hat er sofort anzuhalten. Er darf von dem Fahrzeug nicht absteigen, so lange es in Bewegung ist und er darf sich von demselben nicht entfernen, solange der Motor angetrieben ist; auch muss er die nötigen Vorkehrungen treffen, dass kein Unbefugter den Motor antreiben kann.

§ 7
Die Fahrgeschwindigkeit darf innerhalb der Ortschaften 12 Kilometer in der Stunde nicht überschreiten. Außerhalb der Ortschaften darf dieselbe, wenn übersichtliche Wege befahren werden, namentlich bei Tag, angemessen erhöht werden. An unübersichtlichen Stellen – insbesondere beim Passieren von engen Brücken, Toren und Straßen, beim Einbiegen aus einer Straße in die andere, sowie bei scharfen Straßenkrümmungen, bei der Ausfahrt aus Grundstücken …, dann bei starkem Nebel – ferner auf abschüssigen Wegen und da, wo wegen Schlüpfrigkeit der Bahn die Wirksamkeit der Bremse in Frage gestellt ist, endlich überall da, wo ein lebhafter Verkehr stattfindet, muss so langsam und vorsichtig gefahren werden, dass das Fahrzeug nötigenfalls sofort zum Halten gebracht werden kann.

§ 11
Wettfahrten auf öffentlichen Wegen, Straßen und Plätzen sind verboten. Ausnahmsweise kann hierzu eine Genehmigung … erteilt werden.

(Gesetz- und Verordnungsblatt des Kgr. Bayern 1902, S. 173; Bekanntmachung vom 7. Mai 1902).

> **Aufgelesen**
> aus den Badischen Neuesten
> Nachrichten vom 6. 8. 88

Am 5. August 1888 startete Berta Benz mit ihren Söhnen zur ersten Fernfahrt von Mannheim nach Pforzheim.

### Als das Auto im Badischen das Fahren lernte

*Start in das automobile Zeitalter: An einem Augusttag des Jahres 1888 brachen Berta Benz und ihre Söhne mit dem Patent-Motorwagen heimlich zur ersten Fernfahrt auf.*

Foto: Ritter

„Kaum graute der Morgen, da schoben Eugen und Richard den Wagen, den sie in den letzten Tagen heimlich fahrbereit gemacht hatten, aus dem Schuppen und noch weiter die Straße entlang, bis sie annehmen konnten, dass der Vater das Motorengeräusch nicht mehr höre. Eugen setzte sich auf den Steuersitz, neben ihn die Mutter und Richard nahm den Rücksitz ein. So fuhren sie los in den strahlenden Augustmorgen hinein – Richtung Heidelberg. Würde es gelingen, bis Pforzheim zu kommen?" So schildert Werner Siebold in seinem Roman „Wagen ohne Pferde" die frühen Morgenstunden jenes 5. August 1888, an dem das Auto im Badischen das Fahren lernte – mit einer Frau am Steuer.

Berta Benz, die 39jährige Frau des Patent-Motorwagenerfinders, will kurz vor Ende der Sommerferien unbedingt noch mit den beiden Söhnen in ihre Geburtsstadt Pforzheim reisen um ihre Mutter und die hochschwangere Schwester Thekla zu besuchen. Im Schuppen des Mannheimer Hauses steht das Modell III, ein Einzylinder mit 0,98 Liter Hubraum, 0,9 PS Leistung, 15 Stundenkilometer Höchstgeschwindigkeit und 250 Kilogramm Gewicht. Zwar hat Carl Benz nach der Patentanmeldung am 29. Januar 1886 erste kleine Ausfahrten mit der dreirädrigen Motorkutsche gemacht, doch sehr weit ist er dabei nie gekommen. So zögert wohl auch Berta Benz etwas dem Drängen ihrer 15 und 13 Jahre alten Sprösslinge nachzugeben, die 120 Kilometer lange Strecke in die Goldstadt mit der Erfindung des Vaters zurückzulegen. Die Mannheimer Firma „Rheinische Gasmotorenfabrik Benz & Co." in der Waldhofstraße expandierte zwar bei der Produktion stationärer Motoren, doch mit der neuen Erfindung, die später die Welt verändern sollte, klappte es noch nicht so recht. Im Jahre 1887 stand der Patent-Motorwagen bei einer Ausstellung in Paris zusammen mit Pferdedroschken in einer der hintersten Ecken. Demnächst will Carl Benz „sein Kind" auf der „Kraft und Arbeitsmaschinen-Ausstellung" in München präsentieren. Und zu diesem Zeitpunkt tritt die Frau des badischen Tüftlers auf den Plan – wohl wissend, dass sie mit dieser ersten Fernfahrt der Welt für erhebliches Aufsehen sorgen wird.

So berichten denn auch die Chronisten von einem gehörigen Aufsehen an diesem Tag zwischen Mannheim und Pforzheim, wo ein Motorwagen noch völlig unbekannt ist. Vor der „wietischer Schees" (wütige Chaise) oder dem „Teufelskarren" bekreuzigen sich Augenzeugen, andere laufen schreiend zurück ins Haus. Das Benz-Trio lässt sich von diesen Reaktionen freilich nicht stören und „durchrast", immer entlang der sicheren Bahnstrecke, bei Tempo 15 Käfertal, Viernheim, Weinheim, Großsachsen, Leutershausen, Schriesheim, Dossenheim, Handschuhsheim, Heidelberg, Rohrbach, Leimen und Nußloch, ehe in Wiesloch der Sprit ausgeht. Kurzerhand wird bei Apotheker Bronner, dem ersten Tankwart der Welt, einige Liter des Reinigungsmittels und Waschbenzins Ligroin geordert und die Fahrt geht weiter über Stettfeld in Richtung Bruchsal.

Zur Erinnerung an diese erste „Schwarzfahrt", die Carl Benz später einmal als „entscheidend" für die Weiterentwicklung des Motorwagens bezeichnete, werden heute mehr als 150 Oldtimer-Piloten unter dem Motto „100 Jahre Frau am Steuer" von Mannheim aus zur „Berta-Benz-Gedächtnisfahrt" nach Pforzheim aufbrechen.

Doch zurück ins Jahr 1888. Geschäftsfrau Berta, die übrigens ihre ganze Mitgift in die Erfindung ihres Mannes investiert hat, kann zu diesem Zeitpunkt ja nicht ahnen, dass sie einhundert Jahre später als Pionierin vermarktet werden wird.

Weder die PS-Kraft noch die Übersetzung und die Bremsen sind den Steigungen und Gefällen der Fahrtroute gewachsen. Die Improvisationskünste des Benz-Trios sind jedoch größer als alle Tücken der Technik. Am „Berg" schieben Mutter und der stärkere Eugen kurzerhand des Vehikel, in Bruchsal treiben sie einen Schmied auf, der die Kette repariert und das Kühlwasser an diesem Sommertag wird einfach alle paar Kilometer an Dorfbrunnen, in Gastwirtschaften oder an Bächen nachgetankt. Die Lederbeläge der Holzbremsen erneuern Schumacher auf der Strecke und als ein Ventil undicht wird, greift die couragierte Berta einfach zu ihrem Strumpfband. So geht die abenteuerliche Reise weiter über Weingarten und Grötzingen nach Wilferdingen. Von dort aus schickt Berta Benz ein Telegramm an ihren Mann. Die Reaktion des Ingenieurs, der im Karlsruher Vorort Mühlburg das Licht der Welt erblickte, schildert Autor Siebold in seinem Roman so: „Mit hastigen Fingern riss Benz es auf und entzifferte es im Scheine der Straßenlaterne: ,Mit dem Wagen glücklich in Pforzheim angekommen. Gruß Berta.' Er traute seinen Augen nicht, las es noch einmal. Er sah die Steigungen und die steilen Gefälle der Strecke vor sich. Leichtsinnig und unüberlegt! Aber sie sind ja gut angekommen ... eine schwierige Fernfahrt – und der Wagen hat es geschafft! Böse kann er den Wagehälsen nicht mehr sein." Diese sind nach der Zwischenstation in Wilferdingen inzwischen verstaubt und übermüdet in der Abenddämmerung nach Pforzheim weitergefahren, um im Gasthaus „Zur Post" in der Ispringer Straße abzusteigen. Die Kunde von dem seltsamen Gefährt macht in der Goldstadt schnell die Runde. Bald sammelt sich in der Ispringer Straße eine Menschenmenge an, die den Patent-Motorwagen teils kritisch, teils bewundernd betrachtet. Ein Pessimist erklärt den Umstehenden: „Jetzt könnt ihr eure Gäule totschlagen!"

Die First Lady der automobilen Gesellschaft, die am 5. Mai 1944 im hohen Alter von 94 Jahren verstarb, hat sich trotz dieser Prophezeiungen immer wieder gerne an ihr Abenteuer erinnert: „So habe ich als erste gezeigt, dass dem Papa Benz sein Automobil auch für weite Fahrten gut ist. Und auf meinen Vorschlag hat er dann noch einen dritten Gang eingebaut für Bergfahrten. Und den haben heute alle Autos auf der Welt. Da bin ich sehr stolz drauf", sagte sie als 82-Jährige – zu einem Zeitpunkt, als der Benz-Patent-Motorwagen bereits einige hunderttausend Nachfolger auf allen Straßen dieser Welt hatte.

# Was bewegt die Räder? (S. 76)

„Was bewegt die Räder?", ist hier die Frage, die Schüler beschäftigen soll. Die Muskelkraft erscheint den Kindern oft so selbstverständlich, dass sie ihnen als Antriebskraft erst bewusst gemacht werden muss: *Schubkarren, Fahrrad* – aber auch *Pferdefuhrwerk, Dampflokomotiven* kennen nicht mehr alle Kinder, wenn heute gelegentlich auch nostalgische Dampflokfahrten arrangiert werden. Die *elektrische Straßenbahn* bedarf vor allem in ländlichen Regionen noch näherer Beschreibung und Erläuterung. Der abgebildete *Formel-Rennwagen* fährt nicht auf Straßen des allgemeinen Straßenverkehrs. Warum nicht? Wo sind die Scheinwerfer, die Rückspiegel usw.? Dieses Auto wird durch ein besonderes Benzin angetrieben.

**Antriebsarten:** Muskeln, Wind, Wasser, Strom, Benzin, Öl, Dampf, Federn, Gummi ...

– Die Schüler versuchen ein schweres Fahrzeug durch Muskelkraft zum Fahren zu bringen.
**Was bewegt die Räder?** Muskelkraft, Pferdestärken, Wind, Wasser, Strom, Benzin, Öl, Dampf, Stahlfedern, Gummi.

Es ist wichtig, dass die Kinder selbst mit den „Kräften" experimentieren, die ihnen zur Verfügung stehen. Fahrzeuge haben sie ja schon gebaut. Lassen sich diese nun mit „Motoren" ausrüsten? Welche Kraft hat übrigens das Fahrzeug auf der schiefen Ebene fahren lassen? Die Schwerkraft! Wind, der Luftstrom beim Blasen, Gummizüge und Elektromotoren aus Experimentierkästen bieten sich als Antriebskräfte an und stehen leicht zur Verfügung.

*Ich glaub, ich bin ein Drehwurm!*

**AB 31**

Arbeitsblatt „Was bewegt die Räder?" Die Antriebskraft der dargestellten Fahrzeuge werden benannt und eingetragen. Die Kinder können ihre selbst gebauten „Automobile" zeichnen oder sich Fantasieautos ausdenken.

Hier sind Zeichnungen verschiedener Getriebe. Das angetriebene Rad ist jedesmal durch einen Pfeil gekennzeichnet. Er bestimmt die Richtung, in der sich das Rad dreht.

Baue diese Getriebe nach und versuche dann, die folgenden Fragen zu beantworten.
– In welcher Richtung drehen sich die Räder? Zeichne die Richtungspfeile ein.
– Dreht sich das Rad langsamer (l), schneller (s) oder gleich schnell (gs) wie das davor liegende Rad? Trage vom Antriebsrad aus die zutreffenden Buchstaben ein.

Wenn du keinen technischen Baukasten hast, kannst du verschieden große Käseschachteln und Nägel als Räder und Achsen verwenden.
– Zahnräder kannst du herstellen, wenn du die Käseschachteln mit Wellpappe umklebst.
– Gummibänder eigenen sich als Übertragungsriemen.

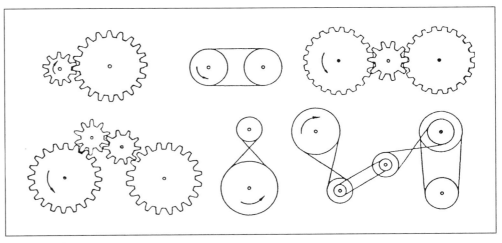

99

# Da lob ich mir doch mein Fahrrad (S. 77)

Das Fahrrad ist für Schüler des 3. Schuljahres das Fahrzeug schlechthin. Die technische Sicherheit ist wichtig. Wer sich ein neues Fahrrad anschaffen will, muss die verschiedenen Fahrradtypen kennen und deren Ausstattung. Welche Vor- und Nachteile haben die verschiedenen Lenker, Bremsen, Beleuchtungen usw., die angeboten werden?

Das Fahrrad gehört zum unmittelbaren Erfahrungsbereich der Schüler. Beim Putzen und Pflegen des Fahrrades kommt man mit verschiedenen Rädern und deren Bestandteilen in Berührung: Vorder- und Rückrad, Zahnräder, Felge, Speichen, Nabe, Reifen …

Auch das Fahrrad hat seine Geschichte. Die Geschichte des Erfinders Karl Friedrich Drais aus Karlsruhe bietet sich zur unterrichtlichen Behandlung an. Einige Ausformungen des Fahrrades im Laufe der Geschichte sind abgebildet und können miteinander verglichen werden.

- Verschiedene Fahrradtypen! Auf welche Ausstattung würdest du besondere Wert legen?
- Wie viele Räder hat das Fahrrad? Versuche die Räder zu zählen!

- **Radfahren hat viele Vorteile:** es macht Spass, es schont die Umwelt, ist umweltfreundlich und dient der Gesundheit.
- Arbeitsaufgaben zu den Vorteilen des Radfahrens!
- **Geschichte des Fahrrads:** Bis unser modernes Fahrrad möglich war, mussten viele kleine Erfindungen gemacht werden! Welche?
- Vergleiche die Abbildungen zur Geschichte des Fahrrades!
- Erlesen der Lebensbeschreibung von Karl Friedrich Drais!
- Die Schüler betrachten und beschreiben den **Kettenantrieb** am Fahrrad.

## In der Zeitung gelesen!

### Ein Ire brachte die Luft in unsere Gummireifen

100 Jahre ist es her, dass der wohlhabende irische Tierarzt John Boyd Dunlop den Luftreifen erfand. Er hatte seinem zehnjährigen Sohn Johnny 1887 ein Dreirad mit den damals üblichen Vollgummireifen gekauft. Der Junge beklagte sich, dass er beim Fahren auf dem holprigen Kopfsteinpflaster immer so durchgerüttelt werde. Eine Fahrt durch den Garten hinterließ tiefe Spuren im Rasen. Der Vater, durch seinen Beruf im Umgang mit Gummi erfahren, klebte aus einer dünnen Gummifolie einen Schlauch, bedeckte ihn mit einem imprägnierten Leinenstreifen und pumpte den Pneu mit einer Fußballpumpe auf. Als Ventil diente der Schnuller einer Babyflasche. Als Reifenabdeckung nahm er Segeltuch. Am 28. Februar 1888 setzte sich Johnny auf das Gefährt mit den neuen Rädern, das von nun an weicher und ruhiger rollte. Der Luftreifen war entdeckt und Dunlop ließ sie „für Fahrräder und andere Straßenfahrzeuge" am 30. Oktober desselben Jahres patentieren.

…

Ein Belfaster Fahrradhersteller nahm die Produktion von „Pneu-Rädern" sofort auf. Am 18. Dezember 1888 erschien diese Anzeige im „Irish Cyclist" (Irischer Radler): „Beachten Sie die neuen Fahrräder mit Luftbereifung. Keine Vibration mehr. Alleinhersteller W. Endlin and Co., Garfield Street, Belfast." Im ersten Jahr verkaufte die Firma jedoch nur 50 Fahrräder mit Luftreifen.

…

Im April 1891 produzierte Dunlop bereits 3000 Reifen in der Woche. Das Unternehmen florierte und wagte 1893 den Sprung auf den Kontinent nach Hanau. Erst zwei Jahre später machte sich der Franzose André Michelin Dunlops Idee auch für Motorfahrzeuge zunutze. Dunlops Firma folgte, und wie andere Reifenhersteller sicherte sie ihre Rohstoffversorgung durch Kautschukplantagen und Baumwollspinnereien für das Reifengewebe, den Unterbau. Im Jahre 1985 übernahm ein japanischer Hersteller die Dunlop-Firmengruppe.

Schnellere, aufwendigere Motoren und Fahrwerke bei den Autos erfordern immer bessere Reifen. Systematische Forschung und Weiterentwicklung haben immer höhere Fahrsicherheit, Geschwindigkeit, Komfort und Laufleistung hervorgebracht. Nur das Problem, wie man alte Reifen wieder los wird, harrt noch der Patentlösung. Zwar dient ein großer Teil der abgefahrenen Reifen zerkleinert beim Straßenbau oder wird in Zementwerken bei hohen Temperaturen als Heizmaterial verwendet. Aber die Berge alter Reifen, die ja nicht verrotten, sind kaum kleiner geworden.

*Josef Lucke*

# Mit dem Fahrrad unterwegs (S. 78)

## INTENTIONEN

**Fahrrad und Straßenverkehr**

Die Kinder lernen situationsbezogen Verkehrszeichen und -regeln kennen und anwenden. Sie üben, ihr Fahrrad zu beherrschen und steigern ihre Bewegungssicherheit und Körpergeschicklichkeit. Außerdem beginnen sie, das Fahrrad im Vergleich zu anderen Verkehrsmitteln als einen wichtigen Beitrag gegen steigende Umweltbelastung zu schätzen.

| | |
|---|---|
| Verkehrszeichen und Verkehrsregeln bringen Ordnung in den Straßenverkehr | Schilder und Fahrbahnmarkierungen<br>Vorfahrtsregelungen<br>Lichtzeichen<br>Verkehrspolizist |
| Ein Fahrrad muss verkehrssicher sein | Vorgeschriebene Ausrüstung eines verkehrssicheren Fahrrades<br>Fahrrad-TÜV<br>Mountain-Bikes – attraktiv und auch gefährlich<br>Technische Weiterentwicklung des Fahrrads |
| Die Beherrschung des Fahrrads muss geübt werden | Training im Parcours:<br>Aufsteigen und Anfahren<br>Anhalten und Absteigen<br>Spurhalten und Bremsen<br>Ausweichen und Abbiegen |
| Vorausschauendes Verhalten verlangt Übersicht | Auswahl besonderer Situationen:<br>Kinder einzeln oder als Gruppe unterwegs: als Fußgänger, als Radfahrer oder als Benutzer öffentlicher Verkehrsmittel<br>Anforderungen an die Verkehrsteilnehmer:<br>Wahrnehmung von Verhaltensweisen anderer Verkehrsteilnehmer sowie von Verkehrsabläufen<br>Einschätzen der Gefahren, die aus einer Verkehrssituation entstehen können<br>Wahrgenommene Situation mit eigenen Absichten in Einklang bringen<br>Auswirkungen möglicher Missverständnisse beachten<br>Übungen zur Verständigung mit anderen Verkehrsteilnehmern:<br>Blickkontakt und Handzeichen<br>Optische und akustische Signale<br>Abstimmung zwischen Radfahrern in der Gruppe<br>Beobachten und Durchspielen von Verhaltensweisen und Umgangsformen an Haltestellen |
| Radfahren trägt zum Umweltschutz bei | Alternative zum Auto<br>Freizeitgestaltung<br>Fahrrad flicken |

## INHALT (Seite)

Mit dem Fahrrad unterwegs
- Ist dein Fahrrad verkehrssicher? 78
- Übungszirkel . . . . . . . . . . . . . 79
- Verkehrszeichen . . . . . . . . . . 80
- Rechts vor links . . . . . . . . . . 82
- Alles in Ordnung? . . . . . . . . . 83
- So flicke ich mein Fahrrad . . . 84

### Zeitliche Einordnung

Die Tatsache, dass eine Vielzahl von Kindern schon im Alter von 5 bis 8 Jahren regelmäßig mit dem Fahrrad unterwegs ist, legt nahe, diese Unterrichtseinheit schon bald nach Beginn des Schuljahres einzuplanen. Dabei ist der regional recht unterschiedlichen Bedeutung des Fahrrades Rechnung zu tragen.

## Vorüberlegungen zum unterrichtlichen Vorhaben

Die aktuellen Lehrpläne machen deutlich, dass Drittklässler im Sachunterricht

- Fahrräder auf ihre Verkehrssicherheit hin überprüfen,
- einfache Wartungsarbeiten am Fahrrad selbst ausführen, Funktionsweisen feststellen (z.B. Fahrrad flicken, Beleuchtung prüfen),
- sich im Straßenverkehr situationsgerecht und verantwortungsbewusst verhalten, dabei Vorfahrtsregeln und Verkehrszeichen beachten.

Der Sachunterricht gibt den Kindern die Chance, sich mit den problematischen Seiten des Verkehrs auseinanderzusetzen, um angemessene Formen kennenzulernen und richtige Verhaltensweisen einzuüben. Die Aufgabenschwerpunkte in den einzelnen Klassen sowie die Radfahrprüfung können nach Kenntnis und Fertigkeit der Kinder auch in andere Schuljahre gelegt werden. Es kommt häufig vor, dass Kinder schon ab dem ersten Schuljahr mit dem Fahrrad am Verkehrsgeschehen teilnehmen. Dann muss der Unterricht in der Grundschule darauf abgestimmt sein.

Je nach örtlichen Gegebenheiten kann es durchaus notwendig sein, Elemente dieser Unterrichtseinheit schon früher zu behandeln.

Die Lehrplankonzeption sieht fünf zentrale Aspekte vor:

- die Verkehrszeichen und -regeln,
- die Verkehrssicherheit des Fahrrades,
- die Beherrschung des Fahrrades,
- die Teilnahme am Verkehr – auch in besonderen Situationen,
- das Radfahren als Umweltschutz.

## Ist dein Fahrrad verkehrssicher? (S. 78)

Die korrekten Zuordnungen sind folgende:

1 Vorderradbremse
2 Hinterradbremse
3 Scheinwerfer
4 Frontstrahler
5 Dynamo
6 Schlussleuchte
7 Rückstrahler
8 Tretstrahler
9 Klingel
10 Abstandhalter
11 Speichenstrahler

Dazu aus „Rolfs Schulweg-Hitparade" das schmissige Lied, „An meinem Fahrrad ist alles dran", Kassette, Polydor 1979, Best.-Nr. 513657-4

- Fahrrad mitbringen.
- Teile zeigen und benennen (häufig wiederholen, Begriffe auf Kärtchen schreiben; verbalisieren und visualisieren).
- Fahrrad-Quiz durchführen.
- Fahrräder der Schüler auf Verkehrssicherheit prüfen.
- Evtl. zusammen mit Eltern „Fahrradreparaturwerkstatt" auf dem Schulhof einrichten (zur Behebung kleinerer Mängel).

### LESETIPP:

Janosch: Der kleine Tiger braucht ein Fahrrad (Diogenes Verlag)

Mit dieser Geschichte von JANOSCH wird in witziger und altersgemäßer Form die Problematik des richtigen Verhaltens im Verkehr angesprochen. Kinder können sich mit den handelnden Personen identifizieren und beweisen, dass sie sich in den Verkehrsregeln auskennen und natürlich sofort merken, was die Akteure falsch machen. Eifrig werden sie sich merken, was der dumme Bonzo Schmidtchen falsch gemacht hat, und sich das richtige Verhalten sowie die abgebildeten Verkehrsschilder einprägen.

### Ist dein Fahrrad verkehrssicher?

Die korrekten Bezeichnungen für die einzelnen Teile des Fahrrades sollen in einer Spielhandlung gelernt und geübt werden.
Die Bezeichnungen der 11 Sicherheitsteile sind für die Schüler leicht zu behalten.

- Text lesen
- Inhalt besprechen
- Verkehrszeichen besprechen und ihre Bedeutung einüben
- Schilder vergrößert in ein Heft oder in den Ordner übertragen

*Bevor es richtig losgeht, die Sicherheit des Fahrrads überprüfen!*

**AB 32**

# Übungszirkel (S. 79)

Für eine fachgerechte Verkehrssicherheitsprüfung eignet sich das **AB** und danach kann das Fahrradturnier „Übung macht den Meister" beginnen.

Vorab aber könnten im Übungszirkel wie auf Seite 79 beschrieben alle schwierigen Übungen trainiert werden, wie z.B.:

- das Durchfahren einer Gasse
- das Einhandfahren
- das Achterbahnfahren
- der Slalom
- die Bremsversuche

### PRAXISTIPP:

Schrägbrett und Spurbrett (bei beiden genügt eine Länge von 3 m) kann bei einem Schreiner für ca. 80 Mark bestellt werden.

Informationen, Materialien und Leihausstattung für das Fahrradturnier des ADAC sind bei den örtlichen Geschäftsstellen erhältlich.

## Materialkiste

**Kind und Verkehr: Kinder als Radfahrer.** Hrsg.: Deutscher Verkehrssicherheitsrat e.V.;
Beueler Bahnhofsplatz 16,
53222 Bonn,
Tel.: 0228/400010

**Die Radfahrausbildung. Handreichung für die theoretische Vorbereitung und praktische Durchführung der Radfahrausbildung in der Grundschule.** Hrsg.: Deutsche Verkehrswacht e.V.,
Am Pannacker 2,
53340 Meckenheim,
Tel.: 02225/8840

**Mehr Sicherheit auf dem Fahrrad.**
Lehrerbrief zur Verkehrserziehung. Braunschweig:
Rot-Gelb-Grün Lehrmittelverlag,
Tel.: 0531/809070

**Programm für Eltern**

**Handbuch für die Schulverkehrserziehung (gratis)**

Über den GHS-Verlag
Postfach 1129
53338 Meckenheim/b. Bonn
können **Prüfungsbogen für Schüler**, sowie ein **Handbuch für Lehrer/innen** bestellt werden.

Material für die Verkehrserziehung in der Grundschule

# Verkehrszeichen (S. 80/81)

### Verkehrszeichen

Mit dieser Doppelseite sollen die Kinder mit den für sie als Radfahrer wichtigsten Verkehrszeichen bekannt gemacht werden. Hierzu bieten sich spielerische Übungsformen in Einzel- und Partnerarbeit an.

Zur Kontrolle hier die korrekten Zuordnungen:

1 – Fußgängerüberweg, Fußgänger haben Vorrang!

2 – Fußgängerweg

3 – Baustelle

4 – Einbahnstraße

5 – Vorgeschriebene Fahrtrichtung

6 – Vorfahrtsstraße

7 – Radweg und Fußgängerweg nebeneinander

8 – Vorsicht, Kinder!

9 – Verbot für Fahrzeuge aller Art

10 – Gegenverkehr muss warten

11 – Vorfahrt gewähren!

12 – Halt! Vorfahrt gewähren! Du musst auf jeden Fall anhalten!

13 – Verbot für Radfahrer

14 – Gefährliche Kreuzung mit Vorfahrt von rechts

15 – Vorfahrt, aber nur an der nächsten Kreuzung

16 – Achtung, Gegenverkehr

17 – Radweg

18 – Gegenverkehr Vorrang gewähren!

19 – Einfahrt verboten! Aus dieser Straße können Fahrzeuge kommen!

20 – Verengte Fahrbahn

- Bilder besprechen und mit dem Text in Beziehung setzen.
- Vorwissen der Kinder einholen: Welche Verkehrszeichen kennst du schon?
- Bedeutungen klären, auf begriffliche Eindeutigkeit achten.
- Gebots-, Verbots- und Achtungszeichen unterscheiden.
- Lotto-Spiel herstellen: Kärtchen mit Verkehrszeichen und Kärtchen mit Bezeichnungen; oder
- Vorderseite Verkehrszeichen – Rückseite Bezeichnung; (kann einzeln „gespielt" werden!).

**AB 33**

*Rot – verbietet*
*Blau – gebietet*

*Rund und Rot –*
*das heißt Verbot!*

*Eselsbrücken gegen*
*die Verwechslungs-*
*gefahr!!*

# Rechts vor Links (S. 82)
# Alles in Ordnung (S. 83)

## Rechts vor links – und andere Verkehrsregeln

Die Signalfolge bei einer Ampelanlage, die Zeichengebung durch einen Polizisten, die besondere Situation bei Sonderfahrzeugen im Einsatz, die Vorfahrtsregel „Rechts vor Links", die Bedeutung von Fahrbahnmarkierungn und das Verhalten beim Linksabbiegen – das sind die Lerninhalte dieser Doppelseite.

Es muss hier allerdings darauf hingewiesen werden, dass der Bearbeitung der Buchseiten nur eine untergeordnete Funktion zukommen kann.

Besonderer Wert ist auf konkretes Verhaltenstraining in Spiel- und Realsituationen zu legen. Wichtig ist, dass dabei jedes Kind genügend Gelegenheit zur kontrollierten Übung bekommt; denn nur so kann das konkrete Verhalten eingeschliffen werden.

Die Fotos auf Seite 83 sollen als Gesprächsanlass dienen, ob sich die Kinder in den entsprechenden Situationen richtig verhalten oder ob Gefahren drohen.

- Die Kinder sollen über Verkehrszeichen, Signale und Verkehrsregeln sprechen.
- Sie sollen sich mit der Situation „Rechts vor Links" auseinandersetzen.
- Die Kinder üben die Situation „Rechts vor Links" und andere mit Spielzeugautos.

Verkehrssituationen müssen immer wieder trainiert werden. Auch mit Hilfe von Spielzeugautos üben die Kinder die Situation „Rechts vor Links". Ebenso bietet sich die Möglichkeit an, auf dem Schulhof mit Fahrrädern diese Situation spielerisch darzustellen.

Aus der Straßenverkehrsordnung schreiben die Kinder einzelne Regeln auf Karteikarten.
Alle Karten werden in einem Karteikasten gesammelt.
Bei unklaren Situationen nehmen die Kinder die entsprechende Karteikarte zur Hand und sprechen darüber.

- Verkehrssituationen an Kreuzungen mit und ohne Ampel/Polizist auf vielfältige Arten üben:
  Tafel, Haft-, Magnettafel, Fußboden, Schulhof; mit Spielzeugautos, Stock, Fahrrad.
- Verhalten beim Linksabbiegen einschleifen.
- Handlungen verbalisieren (auswendig lernen!).
- Erst jetzt in die Realsituation; aber bitte zuerst an wenig befahrene Stellen!

### Vorfahrt

An Kreuzungen und Einmündungen hat der Vorfahrt, der von rechts kommt. Das gilt nicht, wenn die Vorfahrt durch Verkehrszeichen besonders geregelt ist.

*Bevor es richtig losgeht, die Aufgaben einzeln tüchtig üben! Dann viel Spaß!*

# So flicke ich mein Fahrrad (S. 84/85)

Die akutellen Lehrpläne weisen besonders darauf hin, dass die Kinder einfache Wartungsarbeiten am Fahrrad selbst ausführen und Funktionsweisen feststellen sollen. Um der Wegwerfmentalität entgegenzuwirken und eine Wertehaltung zu erreichen ist es notwendig, die Kinder dahingehend zu erziehen, mit ihren Fahrrädern sorgfältig umzugehen und kleine Schäden selbst zu beheben. Weiter wird darauf hingewiesen, dass Kinder im 3. Schuljahr handwerkliches Geschick entwickeln, Zwecke und Wirkprinzipien einfacher Geräte erfassen und Lösungen für technische Probleme finden sollen. Nicht nur im Sachunterricht soll schulisches Lernen dem natürlichen entsprechen und handlungsorientiert sein.

Fächerübergreifend können die Kinder die einzelnen Schritte der Arbeit aufschreiben und gestalten. Sie können ein Fahrradlied lernen und einen Ausflug mit dem Fahrrad machen. Alle Bilder und Texte können in einem selbstgemachten Buch zusammengetragen werden. In einem Gespräch kann auch der umweltfreundliche Aspekt des Fahrrades zur Sprache kommen.

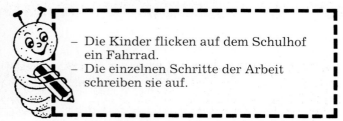

- Die Kinder flicken auf dem Schulhof ein Fahrrad.
- Die einzelnen Schritte der Arbeit schreiben sie auf.

## Fahrradsong

Text: Edelgard Moers
Musik: Theo Beckers

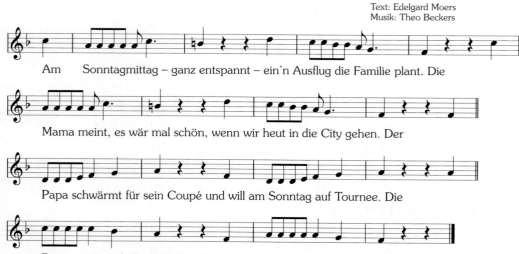

Am Sonntagmittag – ganz entspannt – ein'n Ausflug die Familie plant. Die
Mama meint, es wär mal schön, wenn wir heut in die City gehen. Der
Papa schwärmt für sein Coupé und will am Sonntag auf Tournee. Die
Reise muss nach Dortmund gehen, da gibt es immer viel zu sehn.

Doch Max, der große Bruder, meint,
im Auto nicht die Sonne scheint.
Sein Fahrrad bringt ihn auch ans Ziel
zu sein'm. geliebten Fußballspiel.
Die Lisa, ja die liebt den Sport,
will lieber mit dem Fahrrad fort.
Und nur durch Wiesen, Wald und Flur
erlebt sie die Natur dann pur.

Auch Peter ist schon sehr gescheit,
will nur Bewegung und nicht weit.
Er mag nicht angeschnallt und streng
im Auto sitzen, wo's so eng.

Klein Anna will nicht in den Stau,
das qualmt und stinkt und macht ganz flau,
das nervt in ihrem kleinen Hirn.
Sie will ihr neues Rad ausführn.

Der Papa ist nun überstimmt
und sich auch auf sein Rad besinnt.
Sie lassen heut das Auto stehn
um sich die Gegend anzusehen.
Sie fahren lieber mit dem Rad,
das ist gemütlich und nicht fad.
Sie spüren heute die Natur
und rufen: Das ist Leben pur.

# Arbeitsblätter

| AB 1 | Meine Tausendfüßlermappe | 108 |
| --- | --- | --- |
| AB 2 | Was wir im 3. Schuljahr lernen | 109 |
| AB 3 | Das bin ich | 110 |
| AB 4 | Das Dominospiel | 111 |
| AB 5 | Leeres Domino | 112 |
| AB 6 | Test für Jungen und Mädchen | 113 |
| AB 7 | Ich bin ein Mädchen/ein Junge! | 114 |
| AB 8 | Ich bin gerne ein Mädchen, weil … / Ich bin gerne ein Junge, weil | 115 |
| AB 9 | Mädchen oder Junge? | 116 |
| AB 10 | Mädchen und Junge | 117 |
| AB 11 | Aufbau einer Getreidepflanze | 118 |
| AB 12 | Mein Kartoffelrezept | 119 |
| AB 13 | Der Bauer und der Teufel | 120 |
| AB 14 | Obst und Gemüse | 121 |
| AB 15 | Prima Pausenbrot | 122 |
| AB 16 | Mein Speisenplan am Montag, Donnerstag, Sonntag | 123 |
| AB 17 | Gesunde Ernährung ist wichtig | 124 |
| AB 18 | Nahrungsmittel stammen von Pflanzen und Tieren | 125 |
| AB 19 | Der natürliche Kreislauf | 126 |
| AB 20 | Froschlaich – Kaulquappe – Frosch | 127 |
| AB 21 | Funde im Boden | 128 |
| AB 22 | Unser Wettertagebuch gibt Auskunft | 129 |
| AB 23 | Der Kreislauf des Wassers | 130 |
| AB 24 | Alle Menschen brauchen Wasser | 131 |
| AB 25 | Woher kommt unser Trinkwasser? | 132 |
| AB 26 | Wohin mit dem Schmutzwasser? | 133 |
| AB 27 | Meine Lieblingssendung | 134 |
| AB 28 | Mein Fernsehplan | 135 |
| AB 29 | Lesen, Hören, Fernsehen | 136 |
| AB 30 | Was ist eine LIVE-Sendung? | 137 |
| AB 31 | Was bewegt die Räder? | 138 |
| AB 32 | Verkehrssicherheitsprüfung | 139 |
| AB 33 | Verkehrszeichen | 140 |
| | Beobachtungsbogen | 141 |

Sachunterricht

# MEINE TAUSENDFÜSSLER-MAPPE

3. Schuljahr

*Klebe hier eine Ansichtskarte deines Heimatortes ein!*

Ich heiße

Ich bin der

Und ich die

Da bin ich zu Hause:
_____

Diese Mappe gehört:

Vorname
_____

Zuname
_____

Klasse
_____

**AB 1**

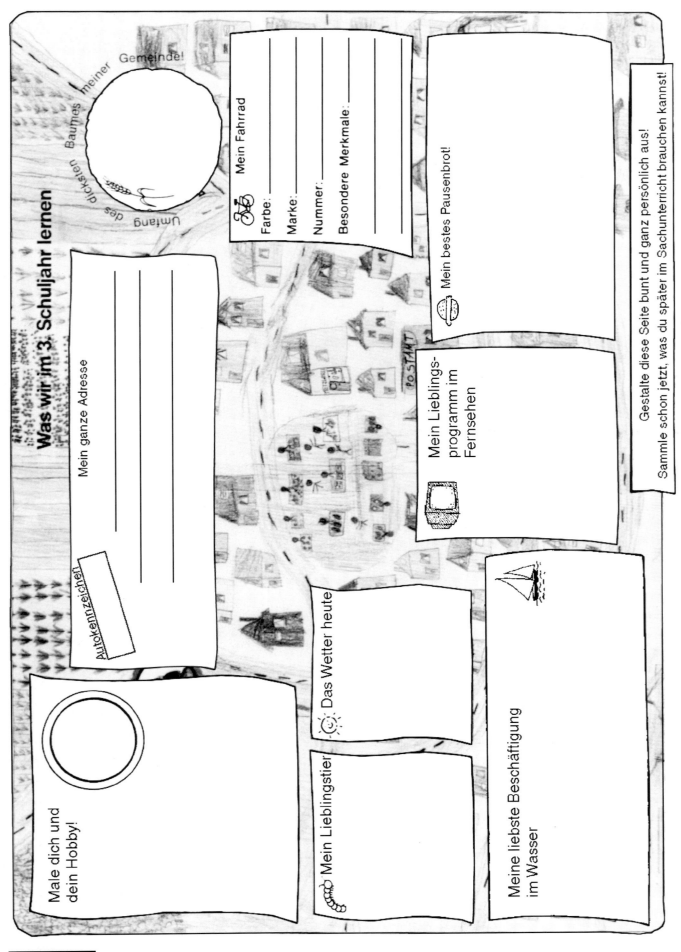

# Das bin ich!

Name: _____

Manche nennen mich auch: _____

Meine Hobbys: _____

Das esse ich gerne: _____
_____

Das ist mein liebstes Buch: _____
_____

Das gefällt mir an mir: _____
_____

Das gefällt mir weniger an mir: _____
_____

→ Ihr könnt beim Steckbrief zuerst den Namen weglassen und ein Ratespiel machen.

**AB 3**

| | | | |
|---|---|---|---|
| aslan | FUTBOL | limon | TİSÖRT |
| futbol | DOLMA KALEM | tigört | TELEVİZYON |
| dolma kalem | PORTAKAL | televizyon | SALATALIK |
| portakal | GİTAR | salatalık | TABAK |
| gitar | BİSİKLET | tabak | TAVUK |
| bisiklet | LİMON | tavuk | ASLAN |

**AB 4**

**AB 5**

# Test für Jungen und Mädchen!

| Ist es richtig, | ankreuzen |
|---|---|
| … dass „Fußball" ein Spiel für Jungen ist? | |
| … dass Mädchen gerne petzen? | |
| … dass Jungen eher faul, schmutzig und unordentlich sind? | |
| … dass Geschirrspülen eine Sache von Mädchen ist? | |
| … dass Matchboxautos Spielzeuge für Jungen sind? | |
| … dass Puppen für Mädchen gemacht sind? | |
| … dass Jungen mehr fernsehen als Mädchen? | |
| … dass „auf Bäume klettern" Jungensache ist? | |
| … dass sich besonders Mädchen für Pferde interessieren? | |
| … dass Judo und Karate Sportarten für Jungen sind? | |
| … dass Mädchen zickig und weinerlich sind? | |
| … dass Jungen immer tapfer und stark sein sollen? | |
| … dass Jungen niemals weinen? | |
| … dass Nähen, Stricken und Häkeln Mädchensachen sind? | |
| … dass Basteln Jungensache ist | |
| … dass Jungen tollpatschig sind? | |
| … dass Jeans Jungenhosen sind? | |
| … dass ein Computer eine Sache für Jungen ist? | |
| … dass Jungen im Fach „Mathematik" besser sind? | |
| … dass Mädchen im Fach „Deutsch" besser sind? | |
| … dass Mädchen viel plappern und kichern? | |
| … dass nur Mädchen lange Haare tragen? | |
| Summe | |

**Spieglein, Spieglein an der Wand …
Kennst du dich wieder?**

**Für Mädchen:**

15 – 22 Ja-Punkte  Du tust bereitwillig, was andere von dir als Mädchen erwarten. Sei ruhig etwas selbstbewusster und tu mehr, was dir selbst Spaß macht.

8 – 14 Ja-Punkte  Du hast ein gutes Selbstvertrauen und bist froh, dass du ein Mädchen bist. Du kümmerst dich wenig um die Vorurteile anderer. Mach weiter so!

0 – 7 Ja-Punkte  Du bist sehr selbstbewusst und selbstständig und glaubst, dass Mädchen und Jungen gleiche Interessen haben, gleich viel können und gleiche Gefühle zeigen. Sind sie wirklich ganz gleich oder in manchen Dingen auch verschieden?

**Für Jungen:**

15 – 22 Ja-Punkte  Du nimmst dich manchmal selbst zu wichtig. Etwas mehr Verständnis für deine Klassenkameradinnen und -kameraden würde dir gut tun. Auch als Junge darfst du manchmal Schwächen zeigen.

8 – 14 Ja-Punkte  Du kannst dich gut in andere Menschen einfühlen und sie verstehen. Weil du ehrlich zu dir selbst bist, hast du auch gute Freunde. Mach weiter so!

0 – 7 Ja-Punkte  Du bist ein Junge, der mit allen Menschen klar kommt und der immer alles besonders gut machen will. Manchmal solltest du mehr Mut haben, auch anders zu sein als die anderen und das zu tun, was allein dir Spaß macht.

- Führt den Test zunächst für euch alleine durch!
- Diskutiert in eurer Klasse die verschiedenen Meinungen. Wiederholt dann den Test, ob sich eure Auffassungen geändert haben!
- Wie denken Erwachsene über „Typisch Mann! Typisch Frau!"? Beobachtet sie und stellt ihnen ähnliche Testfragen.

**AB 6**

# Ich bin ein Mädchen/ein Junge!

| Was mir an Jungen gefällt!<br>Was mir an Mädchen gefällt! | Was mir an Jungen nicht gefällt!<br>Was mir an Mädchen nicht gefällt! |
|---|---|
|  |  |

Erzähle, was dir 'mal mit einem Jungen/Mädchen passiert ist!

_____
_____
_____
_____
_____
_____
_____
_____

**AB 7**

# Ich bin gerne ein Mädchen, weil …
# Ich bin gerne ein Junge, weil …

Ergänze den passenden Satz!
Schreibe auf, warum du gerne ein Mädchen/ein Junge bist! Du kannst auch Bilder dazu malen. Sprecht über euere Texte und Bilder!

AB 8

# Mädchen oder Junge?

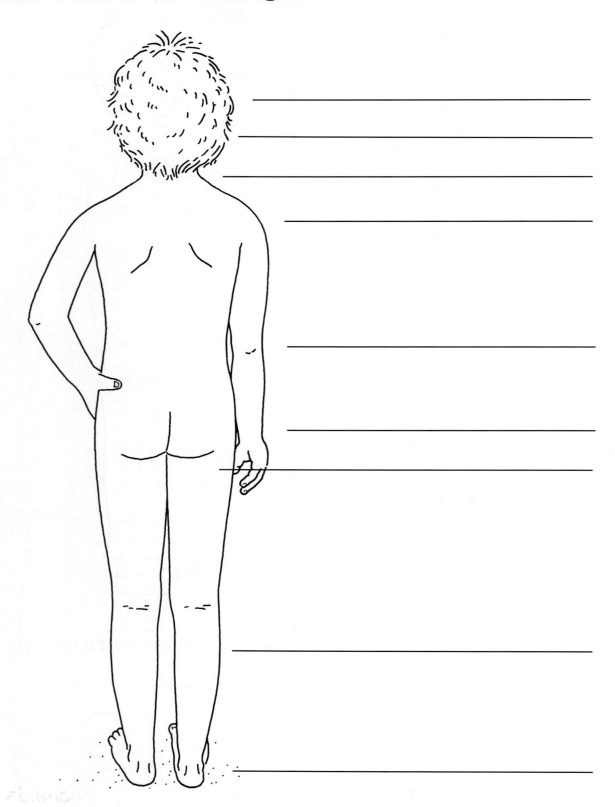

Schreibe die Namen der Körperteile auf:
Kopf, Fuß, Hand, Arm, Haare, Pobacken, Gesäß, Schulter, Bein

**AB 9**

# Mädchen und Junge

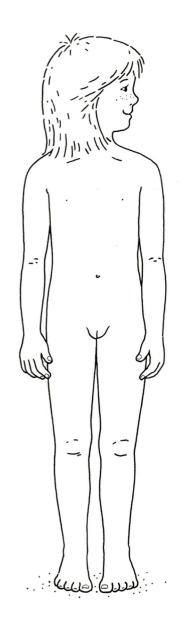 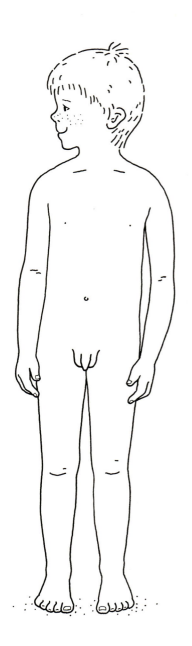

Wie heißen die Körperteile? Schneide aus und klebe die Namen zu den Kindern.

| Kopf | Arme | Glied | Füße |
| --- | --- | --- | --- |
| Hals | Brust | Beine | Scheide |
| Nabel | Schultern | Hoden | Hände |

**AB 10**

4)

# Aufbau einer Getreidepflanze

Benenne Pflanzen und Pflanzenteile!

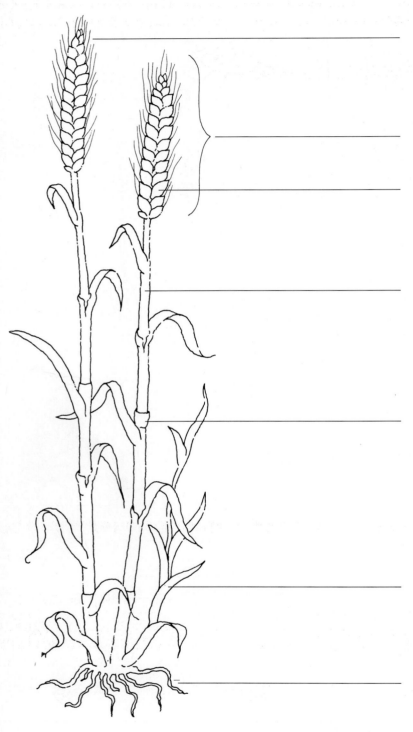

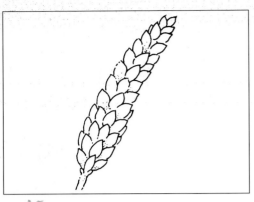

Name:

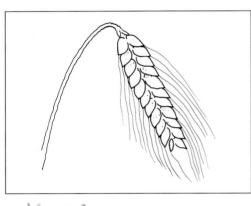

Name:

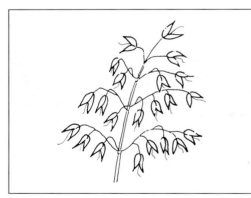

Name:

Name:

**AB 11**

# Die Kartoffelpflanze und der Kartoffelkäfer

**Mein Kartoffelrezept**

AB 12

# Arbeitsblatt

### Der Bauer und der Teufel

Es war einmal ein kluges und verschmitztes Bäuerlein, von dessen Streichen viel zu erzählen wäre: die schönste Geschichte ist aber doch, wie er den Teufel einmal drangekriegt und zum Narren gehalten hat. Das Bäuerlein hatte eines Tages seinen Acker bestellt und rüstete sich zur Heimfahrt, als die Dämmerung schon eingetreten war. Da erblickte er mitten auf seinem Acker einen Haufen feuriger Kohlen und als er voll Verwunderung hinzuging, so saß oben auf der Glut ein kleiner schwarzer Teufel. „Du sitzest wohl auf einem Schatz?", sprach das Bäuerlein. „Jawohl", antwortete der Teufel, „auf einem Schatz, der mehr Gold und Silber enthält, als du dein Lebtag gesehen hast." „Der Schatz liegt auf meinem Feld und gehört mir", sprach das Bäuerlein. „Er ist dein", antwortete der Teufel, „wenn du mir zwei Jahre lang die Hälfte von dem gibst, was dein Acker hervorbringt: Geld habe ich genug, aber ich trage Verlangen nach den Früchten der Erde." Das Bäuerlein ging auf den Handel ein. „Damit aber kein Streit bei der Teilung entsteht", sprach es, „so soll dir gehören, was über der Erde ist, und mir, was unter der Erde ist." Dem Teufel gefiel das wohl, aber das listige Bäuerlein hatte Kartoffeln gesetzt. Als nun die Zeit der Ernte kam, so erschien der Teufel und wollte seine Frucht holen, er fand aber nichts als die gelben welken Blätter, und das Bäuerlein, ganz vergnügt, grub seine Kartoffeln aus. „Einmal hast du den Vorteil gehabt", sprach der Teufel, „aber für das nächste Mal soll das nicht gelten. Dein ist, was über der Erde wächst, und mein, was darunter ist." „Mir auch recht", antwortete das Bäuerlein. Als aber die Zeit zur Aussaat kam, setzte das Bäuerlein nicht wieder Kartoffeln, sondern Weizen. Die Frucht ward reif, das Bäuerlein ging auf den Acker und schnitt die vollen Halme bis zur Erde ab. Als der Teufel kam, fand er nichts als die Stoppeln und fuhr wütend in eine Felsenschlucht hinab. „So muss man die Füchse prellen", sprach das Bäuerlein, ging hin und holte sich den Schatz.

## Male zwei Bilder zu diesem Märchen!

Ihr könnt das Märchen auch spielen. Überlegt, was ihr dazu braucht!

**AB 13**

# Obst und Gemüse

**Ordne den Abbildungen zu!**

① Apfel, ② Erdbeeren, ③ Gurken ④ Kirschen, ⑤ Birnen, ⑥ Kartoffeln, ⑦ Karotten, ⑧ Stachelbeeren, ⑨ Johannisbeeren, ⑩ Blumenkohl, ⑪ Tomaten, ⑫ Rettich, ⑬ Himbeeren, ⑭ Bohnen, ⑮ Zwiebel, ⑯ Kopfsalat, ⑰ Radieschen, ⑱ Sellerie, ⑲ Paprika

**Was wächst über der Erde?**

Obst                Gemüse

**Was wächst in der Erde?**

AB 14

# Prima Pausenbrot

Jeder denkt anders über das Pausenbrot: die Mutter, das Kind, der Verkäufer, der Hausmeister, der Lehrer, der Schulhofrabe.
Schreibe unter jeden Kasten, wer die Sätze spricht!

In der Pause spielen wir meistens. Dabei vergesse ich einfach das Essen. Nachher habe ich dann auch keine Zeit mehr, wenn die Stunde wieder losgeht.

Der Schulhof ist immer ein wohl gedeckter Tisch. Hier lassen sich allerlei Köstlichkeiten finden.

Jeden Morgen schmiere ich vor der Schule das Pausenbrot. Da ist es nicht einfach sich immer etwas Neues einfallen zu lassen.

Wenn es läutet, sausen alle gleich los. Herumrennen und Herumtoben ist das Wichtigste. Da bleibt kaum Zeit zum Essen.

Nach der Pause finde ich oft in Papierkörben ganze Pausenbrote. Auch unter den Bänken liegen Brotreste. Vieles landet im Mülleimer. Das ist nicht recht!

Oft kaufen sich die Kinder vor dem Unterricht bei mir Schokoladenriegel oder Kaubonbons. Die mögen halt Süßigkeiten.

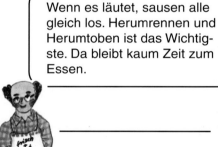

**Mein SUPER-PAUSENBROT**

Male und schreibe auf, welches dein liebstes „gesundes" Pausenbrot ist!

**AB 15**

# Mein Speisenplan am Montag, Donnerstag, Sonntag

|  | | | |
|---|---|---|---|
| **1. Frühstück** | | | |
| **2. Frühstück** | | | |
| **Mittagessen** | | | |
| **Kaffeezeit** | | | |
| **Abendessen** | | | |
| 📺 | | | |

Male oder schreibe auf, was du gegessen hast!

**AB 16**

# Gesunde Ernährung ist wichtig

Meine Ernährungsregeln:

**AB 17**

# Nahrungsmittel stammen von Pflanzen und Tieren

Rahme Nahrungsmittel von Pflanzen grün, Nahrungsmittel von Tieren rot ein!
Schreibe einige Nahrungsmittel auf! Verwende grüne und rote Farbstifte!

*Oben (im Uhrzeigersinn umrandeter Text):* Bananen – Schneckennudeln – Mehl – Zucker – Spagetti – Kaffee – Pfefferkörner

*Rechts:* Äpfel – Erbsen – Bohnen – Zwiebeln – Birnen – Ananas – Spinat – Rinderkeule – Hähnchen – Eier – Quark

*Unten:* Salami – Rollmops – Edamer – Zervelatwurst – Streichkäse – Schinken – Jogurt

*Links:* Kartoffeln – Salat – Forelle – Pute – Reis – Öl – Weinessig – Bauernbrot – Scholle – Butter – Milch – Kotelett

| VON PFLANZEN | VON TIEREN |
|---|---|
|  |  |
|  |  |
|  |  |
|  |  |
|  |  |
|  |  |
|  |  |
|  |  |
|  |  |
|  |  |
|  |  |
|  |  |
|  |  |
|  |  |
|  |  |
|  |  |
|  |  |
|  |  |

Welche Nahrungsmittel hast du gar nicht, welche doppelt eingerahmt?

**AB 18**

# Der natürliche Kreislauf:
# Wiederverwertung von Pflanzenteilen

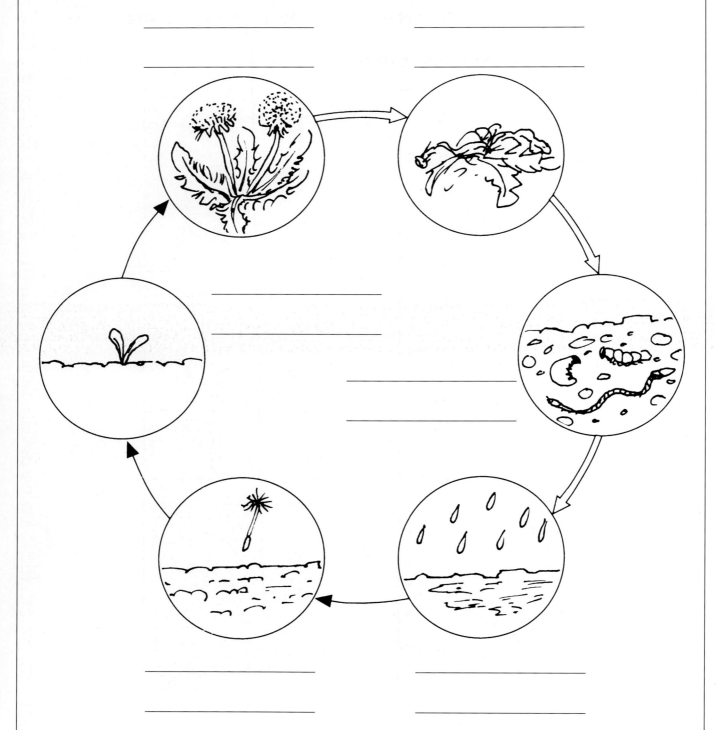

Schreibe zu den Kreislauf-Bildern, was Sie bedeuten!

**Wiederverwertung ist** _____
Fachbegriff

# Froschlaich – Kaulquappe – Frosch

1. Schau die Bilder genau an und suche die Veränderungen.
2. Setze die Nummern 1 bis 6 ein!
3. Schneide die Bilder aus und klebe sie in der Reihenfolge in deine Sachunterricht-Mappe.
4. Schreibe die passende Textzeile dazu!

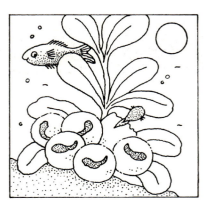 

① Der Frosch bildet Laichklumpen.
② Die Kaulquappen entwickeln sich.
③ Die Kaulquappen bekommen einen Ruderschwanz.
④ Die Hinterbeine entwickeln sich.
⑤ Die Verwandlung zum Frosch beginnt mit der Entwicklung der Vorderbeine.
⑥ Der Frosch geht an Land. Bald wird sich auch der Restschwanz zurückgebildet haben.

**AB 20**

# Funde im Boden

Auf diesem Arbeitsblatt findest du ein Puzzle, das du zusammensetzen darfst. Dabei wirst du entdecken, wie schwierig diese Arbeit erst in einem Museum sein muss. Schneide also die Teile aus und lege sie auf einer DIN A4-Seite aus. Bestimmt findest du bald die Lösung.

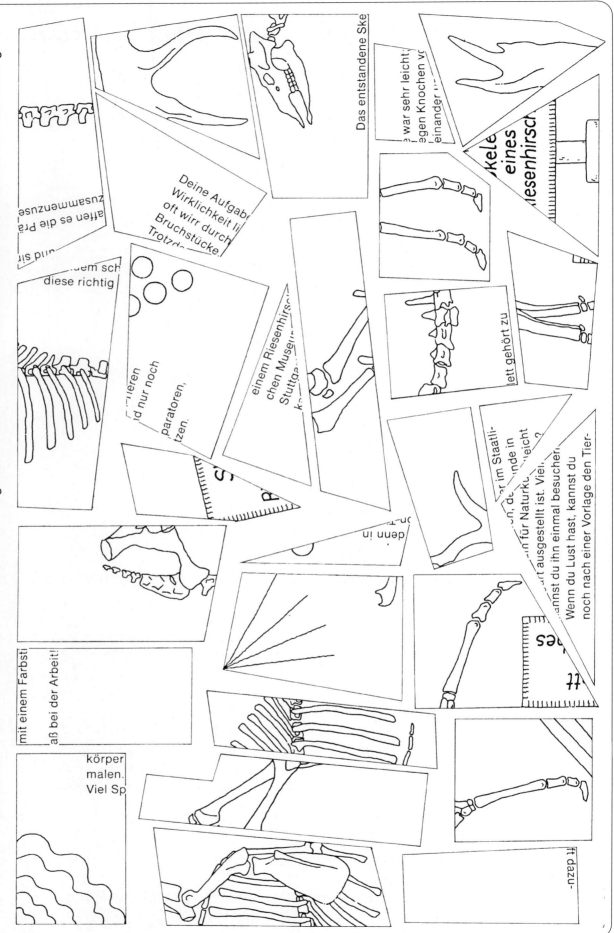

**AB 21**

# Unser Wettertagebuch gibt Auskunft

| | Montag, | Dienstag, | Mittwoch, | Donnerstag, | Freitag, | Samstag, | Sonntag, |
|---|---|---|---|---|---|---|---|
| Uhrzeit | | | | | | | |
| Sonne | | | | | | | |
| Windrichtung | | | | | | | |
| Windstärke | | | | | | | |
| Wolken | | | | | | | |
| Niederschläge | | | | | | | |
| Temperatur in Grad Celsius | | | | | | | |

Verwende die Symbole von S. 50 und ergänze sie!

| | | | | |
|---|---|---|---|---|
| Sonne | sonnig | einzelne Wolken | bewölkt | |
| Windstärke | kein Wind | leichter Wind | starker Wind | Sturm |
| Wolken | wolkenlos | Haufenwolken | Federwolken | Schäfchenwolken | Schichtwolken |
| Niederschläge | Nieselregen | Dauerregen | Wolkenbruch | Hagel | Schnee | Nebel |

**AB 22**

| Grundwasser | Schnee | Hagel | Graupel |

| Gewitter | Wolken | Quelle | Bach | See | Meer |

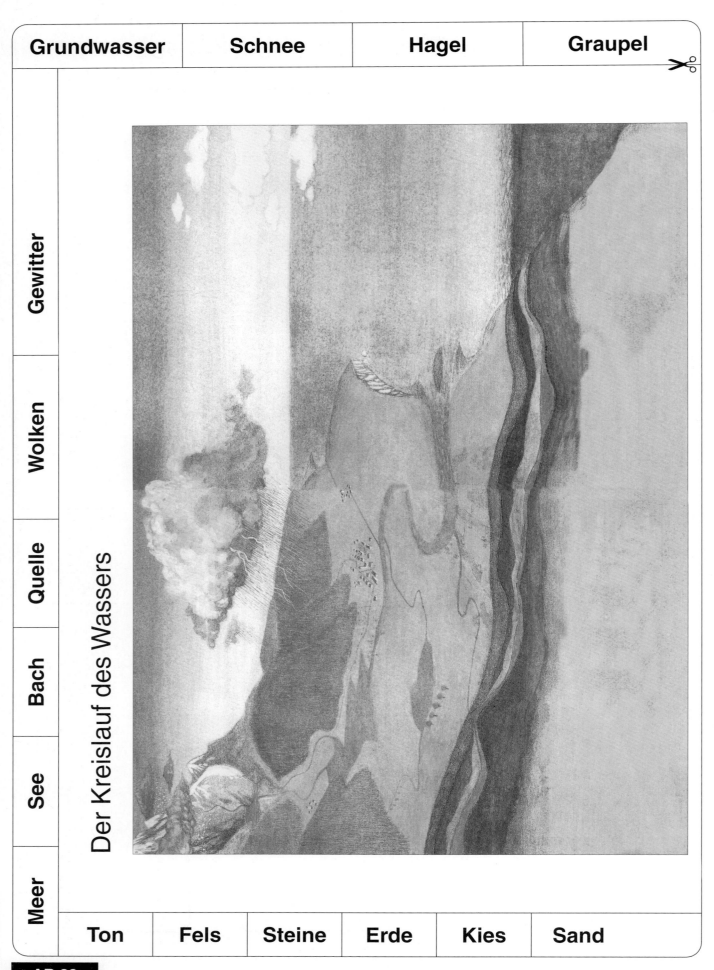

Der Kreislauf des Wassers

| Ton | Fels | Steine | Erde | Kies | Sand |

**AB 23**

# Alle Menschen brauchen Wasser

Mein Wasserverbrauch

am

Wasser-Spar-Ideen

Zusammen etwa _____ l

Unser Trinkwasser kommt von

1000 l Trinkwasser kosten

Unser Schmutzwasser fließt nach

Die Reinigung von 1000 l Wasser kostet

 Unsere Wasseruhr       Hinweisschilder

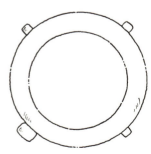  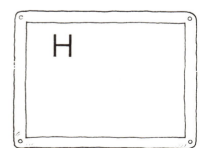  

AB 24

# WOHER KOMMT UNSER TRINKWASSER?

**Beschrifte und male an!**

Der Wasserkreislauf

1) _____
2) _____
3) _____
4) _____
5) _____
6) _____
7) _____
8) _____
9) _____
10) _____
11) _____

**AB 25**

# Wohin mit dem Schmutzwasser?

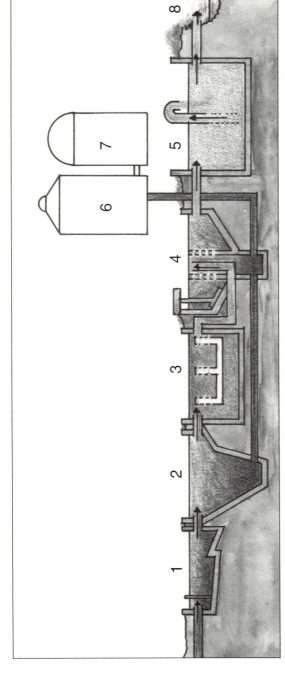

Wie wird das schmutzige Wasser wieder sauber? Das Schülerbuch (S.62/63) hilft dir, die Vorgänge in der Kläranlage zu beschreiben.

① _____
② _____
③ _____
④ _____
⑤ _____
⑥ _____
⑦ _____
⑧ _____

**AB 26**

# Meine Lieblingssendung

Titel: _____

Art der Sendung: _____

Wann läuft sie: _____

In welchem Programm: _____

Warum sie mir besonders gefällt: _____

_____

Wie die Hauptpersonen heißen: _____

_____

Was ist der Inhalt?

_____

_____

_____

_____

_____

_____

_____

_____

Name: _____

**AB 27**

# Mein Fernsehplan vom            bis            :

*Hier trägst du mit „Uhren" deine geplante Sendezeit ein.*

*Hier kannst du eintragen, wie lange du tatsächlich ferngesehen hast.*

Tag, Programm, Datum            Name der Sendung

**AB 28**

# Lesen, Hören, Fernsehen

① _____
② _____
③ _____
④ _____
⑤ _____
⑥ _____
⑦ _____
⑧ _____
⑨ _____
⑩ _____
⑪ _____
⑫ _____

PC – Videokamera – CD – Buch – Plattenspieler – Tonbandgerät – Walkman – Poster – Videorekorder – Fernsehgerät – Schallplatte – Kassettenrekorder

**AB 29**

Was ist eine  – Sendung?

Was ist eine AUFZEICHNUNG?

Fernsehexperte/-expertin empfiehlt:

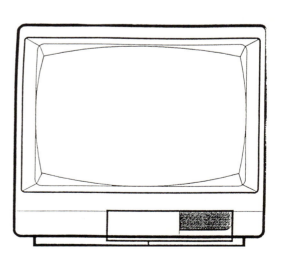

AB 30

# Was bewegt die Räder?

Schreibe zu jedem Bild die richtige Antriebsart! Denke dir Fahrzeuge mit anderen Antriebsarten aus! Zeichne sie!

| Wasser-dampf | Muskel-kraft | Benzin-motor | Elektro-motor | Luft-strom | Gummi-motor | |
|---|---|---|---|---|---|---|

**AB 31**

# Verkehrssicherheitsprüfung

| Besitzer | Fabrikat | Rahmen-Nr. |
|---|---|---|
|  |  |  |

**Vorgeschriebene Teile**

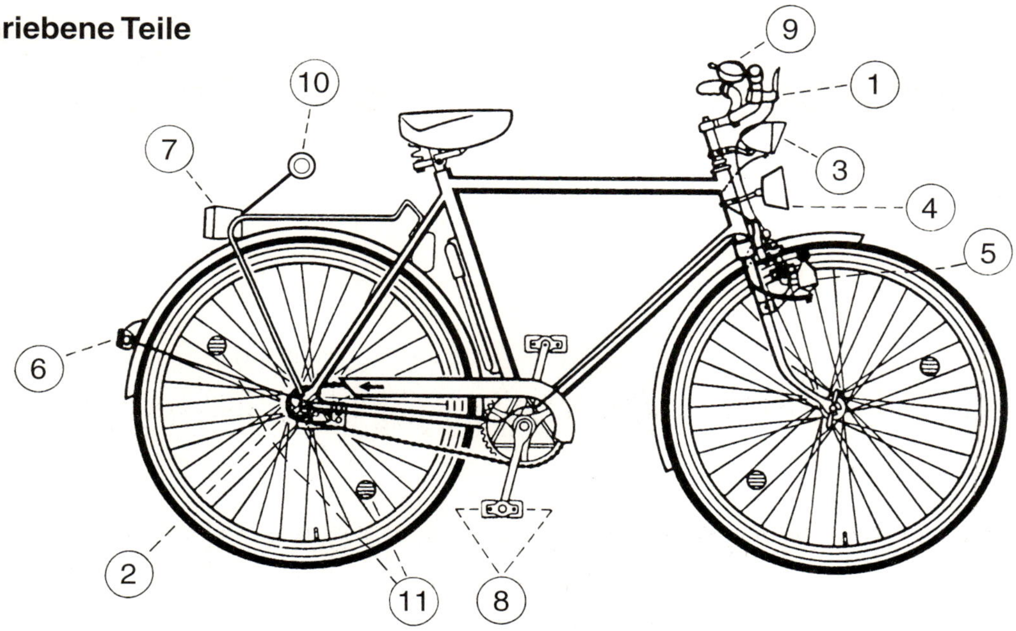

- ◯ Frontstrahler ☐
- ◯ Vorderradbremse ☐
- ◯ Tretstrahler ☐
- ◯ Dynamo ☐
- ◯ Klingel ☐

- ◯ roter Großflächenrückstrahler ☐
- ◯ Hinterradbremse ☐
- ◯ Schlussleuchte mit Rückstrahler ☐
- ◯ Scheinwerfer ☐
- ◯ Speichenstrahler ☐
- ◯ Abstandhalter ☐

☐ **11**

**Betriebssicherheit**

- Alle Schraubverbindungen an Rahmen, Lenkung, Achsen, Streben Bremshebel und am Gepäckträger sind fest angezogen. ☐
- Reifenprofil und Luftdruck sind in Ordnung. ☐
- Lenker und Sattel sind fest angezogen. ☐
- Die Tretkurbeln haben kein Spiel, sind nicht ausgeschlagen. ☐
- Kettenspannung ist in Ordnung (lässt sich etwa eine Daumenbreite durchdrücken). ☐

☐ **5**

Jedes vorhandene „vorgeschriebene Teil" und jede bestandene Sicherheitsprüfung ergibt einen Pluspunkt.
Nur wer 16 Plus-Punkte erreicht, besitzt ein verkehrssicheres Fahrrad!

☐ **16**

**AB 32**

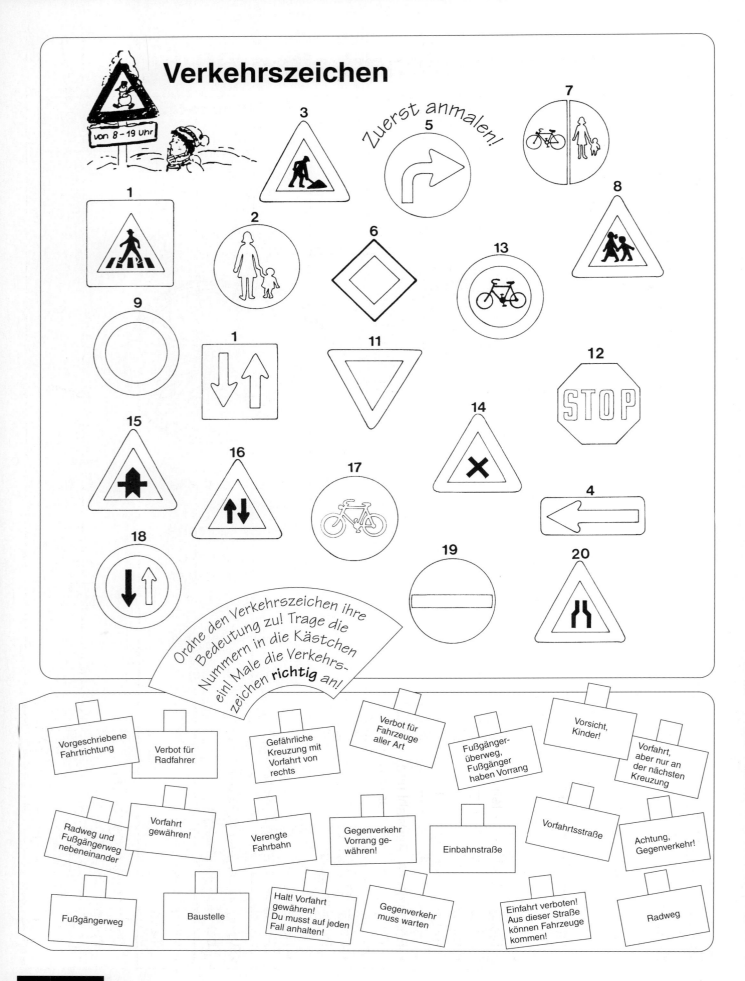

| Beobachtungsbogen | Name | | | | | | | | | | | Klasse | |
|---|---|---|---|---|---|---|---|---|---|---|---|---|---|
| **Kriterien** | | Beobachtungen – Einschätzungen – Beurteilungen | | | | | | | | | | | |
| • Kooperationsfähigkeit | | | | | | | | | | | | | |
| • Interessenschwerpunkt | | | | | | | | | | | | | |
| • Beherrschung von Medien (Lexika, Kartei) | | | | | | | | | | | | | |
| • Umgang mit A.-mitteln (Fernglas….) | | | | | | | | | | | | | |
| • Beschaffung, Auswahl und Verarbeitung von Informationen | | | | | | | | | | | | | |
| • Selbstständige Problemlösung | | | | | | | | | | | | | |
| • Heftführung, Präsentation von Ergebnissen | | | | | | | | | | | | | |
| • Verantwortliches Handeln bei Klassendiensten | | | | | | | | | | | | | |
| • Wissensaneignung, Tests | | | | | | | | | | | | | |
| • Besonderes Engagement, Lernfreude | | | | | | | | | | | | | |
| | | | | | | | | | | | | | **Note:** |

# Der Tausendfüßler für Nordrhein-Westfalen

*Das aktuelle Lehrwerk für den Sachunterricht!*

**Inhaltliche und didaktische Schwerpunkte** des „Tausendfüßlers": Heimatverbundenheit, Weltoffenheit, Lernen im Spiel, Förderung und Differenzierung.

| | |
|---|---|
| **1. Jahrgangsstufe**<br>72 Seiten, DIN A4, kart. | Best.-Nr. **3008** |
| **2. Jahrgangsstufe**<br>72 Seiten, DIN A4, kart. | Best.-Nr. **2859** |
| **3. Jahrgangsstufe**<br>88 Seiten, DIN A4, kart. | Best.-Nr. **3018** |
| **4. Jahrgangsstufe**<br>104 Seiten, DIN A4, kart. | Best.-Nr. **3019** |

*Mit 1001 interessanten Themen!*

**Mit vielfältigen Lernwegen** wie handlungsorientiertem Lernen, freiem Arbeiten, fächerverbindendem Lernen.

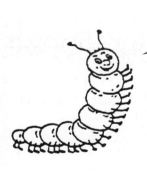

*Damit Ihr Unterricht bestens läuft!*

**Die Arbeitsaufträge motivieren** zu selbstständigem und handelndem Lernen in wechselnden Arbeitsformen. Damit die Kinder ihr Buch gern haben, ist es einfühlsam, fantasievoll und kindgerecht wie ein schönes Kinderbuch illustriert.

| | |
|---|---|
| **Lehrerband – 1. Jahrgangsstufe** | Best.-Nr. **3125** |
| **Lehrerband – 2. Jahrgangsstufe** | Best.-Nr. **3115** |
| **Lehrerband – 3. Jahrgangsstufe** | Best.-Nr. **3116** |
| **Lehrerband – 4. Jahrgangsstufe** | Best.-Nr. **3117** |

# Der Tausendfüßler – weltoffen und heimatverbunden

# Forschen, entdecken & lernen – Materialien für einen spannenden Sachunterricht!

*Kopiervorlagen und Materialien für Ihren Unterricht*

**Schlesiger, Gabriela**
**Die Pflanzen**
Arbeitsblätter für handlungsorientierten und fächerverbindenden Sachunterricht in der Grundschule
48 S., DIN A4, kart.  Best.-Nr. **3141**

**Themen:** Pflanzen sammeln · Pflanzen wachsen · Pflanzen werden verarbeitet · Kinderkochseiten · Pflanzen und Gesundheit · Pflanzen spielerisch erfahren · Pflanzen in der Kunst

**Schlesiger, Gabriela**
**Die Luft**
Arbeitsblätter für handlungsorientierten und fächerverbindenden Sachunterricht in der Grundschule
48 S., DIN A4, kart.  Best.-Nr. **3140**

**Themen:** Einstimmung · Luft kann man spüren und sehen · Mit Luft lässt sich etwas bewegen · In vielen Gegenständen ist Luft · Luft kann man hören · Alles, was lebt, braucht Luft zum Atmen · Luft dehnt sich aus · Luft kann tragen

Damit Kinder die Zusammenhänge in der Natur achten und beachten können, ist es wichtig, diese schon früh erleben, begreifen und verstehen zu lernen. Jedes Themenheft der Reihe enthält eine Fülle motivierender, handlungsorientierter Materialien. Aus ihrer Erfahrungswelt heraus erschließen sich die Kinder ganzheitlich ein Stück Wirklichkeit.

**Pappler, Manfred (Hrsg.)**
**Umwelterziehung im Klassenzimmer**
**Das Ideenbuch**
Reihe EXEMPLA aktuell
145 S., kart.  Best.-Nr. **2401**

Ein völlig neues Handbuch, das zeigt, wie man in der Schulgemeinschaft Umwelterfahrung und Umwelterziehung in die Tat umsetzen kann. Mit Handlungsanweisungen für konkrete Unterrichts- und Schulprojekte im schulischen Raum (z. B. Mülltrennung, Energiesparen).

**Claussen, Claus**
**Sanfte Energie**
Erfahrungen mit Wind, Wasser und Sonne.
Lernmaterialien für Grundschulkinder
112 S., kart., DIN A4
Best.-Nr. **2753**

Alternative, sanfte Energiegewinnung – ein aktuelles Lernfeld im Sachunterricht. Grundschulkinder sammeln mit diesen Materialien zukuftsbedeutende Erfahrungen und Erkenntnisse.

**Kohlwey, Elke/Moers, Edelgard/Ströhmann, Simone**
**Mit Kindern die Natur spüren**
Modelle für einen fächerübergreifenden Unterricht in der Grundschule
112 S., DIN A4  Best.-Nr. **2949**

Modelle für fächerübergreifendes Arbeiten, in denen individuelle Wahrnehmungen der Kinder Platz haben und der Unterricht im Einklang mit der Natur steht.

---

## Auer BESTELL-COUPON Auer

**Ja,** bitte senden Sie mir/uns

___ Expl. Schlesiger:
**Die Pflanzen**  Best.-Nr. **3141**

___ Expl. Schlesiger:
**Die Luft**  Best.-Nr. **3140**

___ Expl. Pappler:
**Umwelterziehung im Klassenzimmer – Das Ideenbuch**  Best.-Nr. **2401**

___ Expl. Kohlwey/Moers/Ströhmann:
**Mit Kindern die Natur spüren**  Best.-Nr. **2949**

___ Expl. Claussen:
**Sanfte Energie**  Best.-Nr. **2753**

mit Rechnung zu.

**Rund um die Uhr bequem bestellen!**
Telefon: 01 80 / 5 34 36 17
Fax: 09 06 / 7 31 78

Bitte kopieren und einsenden an:

**Auer Versandbuchhandlung
Postfach 11 52
86601 Donauwörth**

Meine Anschrift lautet:

_____
*Name/Vorname*

_____
*Straße*

_____
*PLZ/Ort*

_____
*Datum/Unterschrift*

# Abwechslungsreiche Materialien zur Freiarbeit

Bairlein, Sigrid/Kuyten, Gerdi
## Freiarbeit in der Heimat- und Sachkunde Grundschule
Kopiervorlagen

**1. Jahrgangsstufe**
80 S., DIN A 4 — Best.-Nr. **2010**

**2. Jahrgangsstufe**
88 S., DIN A 4 — Best.-Nr. **2110**

**3. Jahrgangsstufe**
112. S., DIN A 4 — Best.-Nr. **2249**

**4. Jahrgangsstufe**
136. S., DIN A 4 — Best.-Nr. **2338**

Diese Bände bieten eine Sammlung abwechslungsreicher Materialien, die den gesamten Jahresstoff abdecken. Aus den Kopien lassen sich Lernschieber, Stöpselkarten und Puzzles leicht selbst anfertigen.

Lassert, Ursula
## Natur um uns herum
Kopiervorlagen zur Freiarbeit
Sachunterricht
3.–6. Jahrgangsstufe

**Das Wasser**
56 S., DIN A4 — Best.-Nr. **2593**

**Bäume und Wälder**
72 S., DIN A4 — Best.-Nr. **2340**

**Wiese und Weiher**
80 S., DIN A4 — Best.-Nr. **2341**

**Das Wetter**
72 S., DIN A4 — Best.-Nr. **2594**

Die Blätter dieser Bände motivieren die Kinder, eigene Erfahrungen mit der sie umgebenden Natur zu machen. Die ansprechende Gestaltung regt eine eigenständige Auseinandersetzung mit den Themen an und gibt Impulse zu selbstständigem Forschen.

---

## Auer BESTELL-COUPON

**Ja**, bitte senden Sie mir/uns

Bairlein/Kuyten:
**Freiarbeit in der Heimat- und Sachkunde – Grundschule**
____ Expl. **1. Jahrgangsstufe** — Best.-Nr. **2010**
____ Expl. **2. Jahrgangsstufe** — Best.-Nr. **2110**
____ Expl. **3. Jahrgangsstufe** — Best.-Nr. **2249**
____ Expl. **4. Jahrgangsstufe** — Best.-Nr. **2338**

Lassert:
**Natur um uns herum**
____ Expl. **Das Wasser** — Best.-Nr. **2593**
____ Expl. **Bäume und Wälder** — Best.-Nr. **2340**
____ Expl. **Wiese und Weiher** — Best.-Nr. **2341**
____ Expl. **Das Wetter** — Best.-Nr. **2594**

mit Rechnung zu.

Bitte kopieren und einsenden an:

**Auer Versandbuchhandlung
Postfach 11 52
86601 Donauwörth**

Meine Anschrift lautet:

_____
*Name/Vorname*

_____
*Straße*

_____
*PLZ/Ort*

_____
*Datum/Unterschrift*

Rund um die Uhr bequem bestellen!
Telefon: 01 80 / 5 34 36 17
Fax: 09 06 / 7 31 78

*Kopiervorlagen und Materialien für Ihren Unterricht*